資産規模を拡大するための

不動産投資の「財務・融資対策」本格入門

1級FP技能士・不動産投資実務家 **中川 理**
税理士・コンサルタント **稲垣浩之**

ソシム

■注意

(1) 本書は著者が独自に調査した結果を出版したものです。
(2) 本書の一部または全部について、個人で使用する他は、著作権上、著者およびソシム株式会社の承諾を得ずに無断で複写/複製することは禁じられております。
(3) 本書の内容の運用によって、いかなる障害が生じても、ソシム株式会社、著者のいずれも責任を負いかねますのであらかじめご了承ください。
(4) 本書に掲載されている画面イメージ等は、特定の設定に基づいた環境にて再現される一例です。また、サービスのリニューアル等により、操作方法や画面が記載内容と異なる場合があります。
(5) 商標
本書に記載されている会社名、商品名などは一般に各社の商標または登録商標です。

はじめに
資産規模拡大のために、すべての不動産投資家が知っておくべきこととは？

「融資が出ない」「金融機関で門前払いされる」という投資家が確実に増えている

　本書は、不動産投資の資産規模拡大を目指す方に向け、「融資対策」「決算分析」といった、主に財務（ファイナンス）面の知識・理論および実務スキルの向上を企図した指南書です。

　不動産投資で大きな資産規模を目指す、または効率的な規模拡大を狙うには、言わずもがな「融資」が不可欠ですが、2018年頃から相次いで発覚した不正融資事案以降、不動産投資への融資情勢が明らかに厳しくなったことは、皆さんもご承知のとおりです。
　とはいえ、不動産投資への融資がまったく出なくなったとか、金融機関が一部の資産家やお金持ちしか相手にしなくなったとか、そうしたことではありません。

　たとえば著者自身、ここ数年にかぎっても何度も融資を受けて収益物件を購入していますし（融資条件は年々良化し、取引先金融機関も拡大しています）、著者の周囲でも同様の方は多数いらっしゃいます。
　その一方、やはり「新規融資が出なくなった」「金融機関から門前払いされてしまう」といったご相談事例は確実に増えていますので、現状把握としては「投資家の融資事情は二極化が進んでいる」との解釈が妥当なのでしょう。

「融資が出る不動産投資家」の共通点とは？

では、「融資の出る投資家／出ない投資家」の違いは、どこにあるのでしょうか？

誤解を恐れずにいえば、

①金融機関の仕組みや、融資商品ごとの特徴を知っているか
②金融機関が、財務書類（決算書等）や案件情報の
　どこを見ているかを理解しているか
③その知識を前提に、金融機関が評価しやすい"数字"や
　"シナリオ"をプレゼンできるか

といった融資対策の巧拙（こうせつ）にあると、著者は分析しています（もちろん、きちんと"儲かる案件"を選ぶことは大前提です）。

本書は、こうした融資対策の理解・習得を通じて、厳しい情勢においても計画的・戦略的に融資を活用し、資金規模拡大を実現するための方法を執筆しました。

15年超の不動産投資経験と相談事例をベースに
財務・融資対策を徹底解説！

本編でご説明する内容は、著者自身の15年超に及ぶ実体験・1級FP技能士としての専門知識だけではありません。

著者の個別相談で見聞した延べ100人超のリアルな事例や、先達・後進の専業大家さんとの情報交換の蓄積、そして複数の金融機関・不動産業者へのヒアリング結果などを根拠とした、広く汎用性のある財務の知識・理論、そして実務スキルのノウハウです。

率直にかなりのボリュームとなっていますが、多くの読者の方に無理なく読み進めていただけるよう、本編は三部構成としました。

図0-1-1 | 3部構成の全体像

第1部	基本の部	・資産拡大のロードマップの流れ ・金融機関・融資審査の基本ルール	投資家の 目線で解説
第2部	融資の部	・融資相談の具体的なテクニック ・財務・案件説明シートの活用	
第3部	財務の部	・不動産投資に特化した決算書作成 ・会計と財務知識の深い理解	税理士の 目線で解説

本書の構成

　第1部・第2部は、現役不動産投資家の目線から私・中川理がご説明します。

　第1部では、不動産投資の財務に関する基本知識——資産規模拡大のロードマップの基本的な考え方や、金融機関・融資審査の基本的なルールなど——をご説明します。
　ご自身が目指す資産規模に向けて、どの金融機関で、どのような融資を活用し、どんなことに注意すべきなのか、といった基本事項を一気に整理するパートです。

　第2部では、第1部の内容を元に、金融機関に融資相談する際の具体的な方法・テクニックを中心にご説明します。
　自分（自社）の財務情報の開示、および融資を受けたい個別案件の説明方法について、説明書式のサンプルを使いながら、実務で即活用できるテクニックを惜しみなくご紹介します。

　第3部では、財務面の理解を深める"総仕上げ"として、不動産投資専門税理士の稲垣浩之氏から、「決算書の作り方」をイチから詳しくご説明いただきます。

著者自身も、自身が代表を務める法人の決算書と個人事業主としての確定申告書を自分で作っていますが、やはり自ら会計科目を割り振り・数字を打ち込むことで、自身の財務状況をより深く理解し、様々な発見があったと実感しています（税理士に外注する方が多い分野ですが、一度でもご自身で決算書を作ってみることを強くおススメします）。

　また、実際の税理士事務所で使われているノウハウやコツが満載ですから、不動産投資の上級者の方にとっても、きっと新たな気付きがあるはずです。

　本書を順番に読み進めることで、必ずや融資対策で必要となる、財務の知識・理論および実務スキルを無理なく、理解・習得いただけることでしょう。

　昨今の厳しい市況では、投資に値する案件を1つ見つけるだけでも、大変な苦労を伴います。

　数少ないチャンスを手繰り寄せた際、融資を理由にこれを見逃すような "画竜点睛を欠く" 状況は何としても避けるべく、日ごろから融資対策を万全に備える必要があると痛感する次第です。

　本書が、その一助となることを、心から願っています。

中川　理

◎無料特典のダウンロードについて

　本書購入者限定の無料特典として、本章の第2部で登場する「情報開示シート」および、第3部で登場する「取得価額算定Excelシート」「耐用年数自動計算Excelシート」の、3種類の財務・融資対策のためのExcelファイルをご用意いたしました。本書を読み進める際のツールとして、また金融機関との交渉や財務資料の作成の補助ツールとして、是非ご活用ください。

◆「情報開示シート」とは

　金融機関との融資相談の際に活用できるプレゼンツールです。
　法人での融資相談を前提に、自社の財務内容をまとめた「自己紹介ファイル」と相談案件の情報をまとめた「案件説明ファイル」に分かれています。各項目の記載目的や背景についてご理解いただくことで、読者の皆さんが自由にアレンジできる仕様になっています。

◆「取得価額算定Excelシート」とは

　物件購入時の取得価額を正確に算定するための計算ツールです。
　物件の取得価額については税務・財務上の決まりがありますが、初心者（これから不動産投資を始める方・始めたばかりの方）の方だけでなく経験者まで、そうした決まりをおさえ正確な取得価額の算定をサポートします。
　物件取得価額は、利益や税金に影響する重要な数字ですので、ぜひ本シートを活用し、正確な金額を算定してください。

◆「耐用年数自動計算Excelシート」とは

　物件取得価額をベースに、毎期末に行う「減価償却費」のもとになる耐用年数の計算をサポートするシートです。減価償却費および耐用年数

の計算、処理は、税務・財務上つまずく人が多い箇所ですが、このシートを使うことで、格段にやりやすくなります。

【ダウンロード手順】

（1）以下URLにアクセスしてください。

> https://www.socym.co.jp/book/1479

（2）「正誤表・ダウンロード」タブをクリックし「正誤表・ダウンロード」ページを表示し、「無料特典ダウンロード」をクリックすると、ダウンロードが始まります。

（3）ダウンロード後、ZIPファイルに下記のパスワードを入力してください。

> パスワード　naka.ina2103

※ダウンロードできるのは、本書購入特典のファイルのみです。

【注意事項】
- 本書特典のExcelファイル（以下、「特典書式」）は、事前告知なしに変更・公開中止となることがあります。
- 特典書式の内容には万全の注意を払って作成していますが、正確性・完全性・信頼性・使用可能性・有用性および適時性等を保証するものではありません。
- 特典書式は、使用者自身の責任と判断のもと、使用するものとします。本書および特典書式の使用により生じた、あらゆる損害・紛争等に出版社ならびに著者は一切関与しません。
- 特典書式の使用に関しては、無断の商用利用・転載・引用等は厳禁です。
- その他、特典書式の使用に関する注意事項はダウンロードページに記載しています。特典書式の使用にあたっては、これらすべての注意事項に同意したものとします。

はじめに ── 資産規模拡大のために、すべての不動産投資家が知っておくべきこと ── 3

無料特典のダウンロードについて ── 7

第1部　不動産投資の資産規模拡大の基本知識

第1章　不動産投資の資産規模拡大のロードマップ

1-1 不動産投資の最大のメリット
不動産投資で資産規模が拡大し続ける理由 ── 16

1-2 不動産投資のサイクル
不動産投資の資産規模拡大の流れ ── 22

1-3 「儲かる物件」とは？
「副業」の資産規模拡大で最初に考えるべきこと ── 28

1-4 不動産投資の融資①
「副業レベル」の資産規模拡大では、アパートローンを狙う ── 34

1-5 不動産投資の融資②
「専業レベル」の資産規模拡大なら、プロパーローンを狙う ── 40

1-6 プロパーローン対策
金融機関がプロパーローンで重視していること ── 44

第2章　資産規模拡大に必須の金融機関・融資対策

2-1 金融機関の基本知識
金融機関の特徴を知り、自分に合った金融機関を探す ― 54

2-2 金融機関の内部事情
金融機関における「融資の承認プロセス」 ― 61

2-3 金融機関の審査基準
金融機関があなたに求めていること ― 68

第2部　不動産投資の「情報開示シート」の利活用

第3章　「情報開示シート」で金融機関の不安を解消する

3-1 情報開示シートの目的・構成
最低限の説明内容を網羅することで、金融機関の信頼を得る ― 88

3-2 情報開示シート「①自己紹介ファイル」
会社概要・財務状況の開示で、審査対象だと判断してもらう ― 94

3-3 情報開示シート「②案件説明ファイル」
資料にはない情報を説明し、金融機関の融資不安を解消する ― 123

第3部 不動産投資家のための「決算書」入門

第4章 不動産投資家のための決算書とは？

4-1 決算書の役割
不動産投資の決算書から何がわかるのか？ — 136

4-2 決算書の存在理由
なぜ不動産投資家は決算書の知識が必須なのか？ — 140

4-3 不動産投資の決算書
「不動産投資の決算書」は最も作りやすい決算書 — 145

4-4 決算書作成の流れ
不動産投資の決算書はどうやって作るのか？ — 148

4-5 自作決算書の落とし穴
中途半端な知識で決算書を作ると、思わぬ失敗も — 153

第5章 「不動産投資の決算書」の仕組み

5-1 決算書の記載内容
決算書には何が書いてあるのか？ — 160

5-2 仕訳と勘定科目
「仕訳と勘定科目」を覚えれば決算書は作れる ─ 167

第6章 「不動産投資の決算書」を作る

6-1 不動産投資の仕訳
不動産投資では、10の仕訳パターンを覚えよう ─ 182

6-2 資金調達時の仕訳
「取引明細書」から借入の取引を読み取る ─ 187

6-3 物件購入時の仕訳
物件購入の仕訳は、物件の取得価額の算定が重要 ─ 191

6-4 物件賃貸時の仕訳
賃貸中の仕訳はクラウド会計ソフトで効率化する ─ 214

6-5 減価償却と決算整理前仕訳
決算整理前仕訳をして、決算書作成の準備をする ─ 241

6-6 物件売却時の仕訳
売却時の仕訳では、正しく売却益を理解せよ ─ 256

6-7 不動産投資の税金
不動産投資では節税より「正確な納税」が大切 ─ 268

おわりに ─ 277

第 1 部

不動産投資の資産規模拡大の基本知識

第1章

不動産投資の資産規模拡大のロードマップ

　不動産投資ならではの資産規模拡大を実現するには、金融機関からの融資が欠かせません。融資を上手に活用することで、不動産投資の特徴である高い「再現性」と相乗効果を発揮し、「効率的」な資産規模拡大を狙うことができるからです。

　その一方、不動産投資による資産規模拡大の目標は、投資家それぞれで違うはずで、必然、そこに至るロードマップの考え方も様々です。大事なことは、この"ロードマップに照らした最適な方法の選択"にあります。

　本章では、そのために必要な知識や理論、その実践方法を詳しくご説明します。

1-1 不動産投資の最大のメリット
不動産投資で資産規模が拡大し続ける理由

KEYPOINT
- 不動産投資は他の投資に比べ複雑だが、それに見合うリターンが見込める
- 低リスクかつリスクコントロールが可能で、資産規模拡大の再現性が高い
- 融資によるレバレッジ効果で、効率的に資産規模を拡大できる

不動産投資の投資環境は整備されていない！

　不動産投資による資産規模拡大を考えるうえで、まずは不動産投資の置かれた厳しい投資環境、そして一般的にいわれる特徴・メリットについて、他の資産運用と比較しながら整理しておきましょう。

　たとえば、資産運用の代表格とされる株式投資や投資信託はどうでしょうか。検討中の案件（銘柄）の投資判断に必要な情報は一通り公開されており、投資家はIR（Investor Relations、投資家向け広報）や目論見書、あるいはチャート等から容易に確認することができます。

　また、売買に伴う証券授受や運用中の資産管理、そして確定申告に必要な収支計算等、おおよそ全ての実務を証券会社が代行してくれます。税務面でも、低税率かつ手続きの簡易な申告分離課税が選択できるうえ、2024年に開始された新NISAによって、さらに税制優遇が拡大しました。

　総じて、投資家が資産運用に専念しやすい、至れり尽くせりの環境が整っているといえましょう。

　その点、不動産投資を取り巻く環境は、お世辞にも整備されていると

は言い難いものがあります。

　不動産売買では数百万〜数千万円、ときには億単位の高額なお金が動くというのに、案件（収益物件）に対する情報公開はいかにも閉鎖的で、限定的なものに留まっています。

　IRや目論見書のような分かりやすい情報公開はありませんし、過去の類似事例を調べるだけでも、不動産業者に個別に依頼しなければなりません（過去取引事例の一部は、REINS〈レインズ/Real Estate Information Network System〉と呼ばれる不動産業者専用データベースに記録されていますが、一般投資家には非公開です）。

　また、売買時・運用中のいずれにおいても、投資家が対応すべき実務が様々存在しますし、税務面では、高税率かつ複雑な総合課税（売却時は不動産専用の高税率な申告分離課税）での申告が必要です。

厳しい投資環境でも、新規参入者が途切れない理由とは？

　投資判断に必要な情報公開は足りず、運用中は様々な実務に追われ・悩まされ、さらには税務面でも冷遇されている……。

　「図1-1-1」で比較すると一目瞭然ですが、不動産投資を取り巻く投資環境は、他の資産運用よりも相当に厳しいといえるでしょう。

図1-1-1 | **不動産投資と株式投資等との投資環境の比較**

	情報公開	実務（手間）	税務
不動産投資	閉鎖的・限定的（過去事例すら、自分で見れない）	購入時も購入後も面倒は発生	複雑で高税率
株式投資／投資信託等	IRや目論見書、チャート等の公開あり	ほぼ全てを証券会社が代行	簡易で低税率（一部は非課税）

　しかし、それでも毎年多くの一般投資家の方が、こぞって不動産投資

に新規参入されていることは、皆さんもご承知のとおりです。

　数ある資産運用の中から、敢えて不動産投資を選ぶ理由は、どこにあるのでしょうか？

　結論をいえば、不動産投資には、投資環境の不利を跳ね返す、2つの特徴・メリットがあります。

> **不動産投資ならではの特徴・メリット**
> ①構造的に低リスクかつ一定のリスクコントロールが可能で、資産規模拡大の再現性が高いこと
> ②融資によるレバレッジ効果を活用し、効率的に資産規模を拡大できること

不動産投資の特徴・メリット①
他の投資に比べ、「再現性」がある

　①について、不動産投資には、「同じことをすれば、同じような結果になりやすい」という「低リスク」な特徴があります。

　不動産投資の主な収入には、毎月・毎年の家賃収入（インカムゲイン）と売却益（キャピタルゲイン）がありますが、このうち家賃収入では、入居者のいる限り、毎月同じ金額を、毎月同じタイミングで受け取ることが、契約によって約束されています。

　もちろん、「空室（退去）」や「滞納」といった不確定要素はありますが、過去データ等からおおよその発生頻度や影響額は予測が立てられますし、リーシングを強化したり、保証会社利用を必須にしたりすることで、空室期間や滞納による減収幅を抑える余地が残されています。

　少なくとも、一定レベルの賃貸運営をしている限り、たとえば家賃収

入が突然半分になるといった極端な事態には、まずならないわけです（逆に、想定外のラッキーで、家賃収入が突然2倍になることもまずありません）。

　売却益に関しては、家賃収入ほど確度の高い予測はできませんが、全体として売買の取引相場の推移は緩やかで、株式投資等のように、短期間で乱高下することはほぼありません。

　また、全体相場でなく個別取引の観点でも、その収益物件に大きな問題がなく、特別売り急ぐ等の事情がなければ、たとえば相場の半額でしか売れないような極端な結果には、まずならないといえます。

　ここから不動産投資には、

①同じような収益物件を、同じような条件で購入して、同じように賃貸運営していけば、
②良くも悪くも、同じような投資のリターン（家賃収入・売却益）を生みやすい

という特徴があり、こうした将来の期待利益（損失）を相応の確度で見通せることを、資産運用では「低リスク」と表現します。

　資産運用における「リスク」の大小とは、期待利益（損失）の「ブレ幅の大きさ（不確実性）」であり、その定義から不動産投資をみれば、「低リスク」と評価できるのです。

> **資産運用におけるリスクとは**
> 資産運用における「リスク」とは、一般に使われる「危険」の意味ではなく、期待利益（損失）の「ブレ幅の大きさ（不確実性）」を意味する！

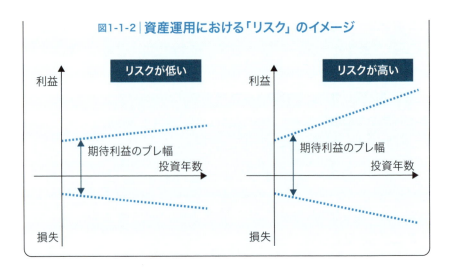

不動産投資の特徴・メリット②
他の投資に比べ、効率的に資産規模を拡大できる

　②については、統計データを横に置きながら考えると、合点がいきやすいでしょう。
　金融広報中央委員会の調べによると、我が国における2023年の金融資産の保有額は次のようになっています。

金融資産の保有額

2023年平均額　1,307万円

（内訳）預貯金563万円、保険257万円、有価証券427万円、その他59万円

2023年中央値　330万円

【出典】金融広報中央委員会「家計の金融行動に関する世論調査2023年（二人以上世帯調査）」

このデータを元に、有価証券（株式投資等）で運用した場合をイメージしてみます。

たとえば、平均額の金融資産を保有する投資家が、残る預貯金の全てを株式投資に回し、4％の配当利回り（一般に高配当とされる水準）で運用できたと仮定すると、その期待リターンは年間22.52万円です。

あるいは、より一般的な家計像として、中央値の金融資産を保有する投資家が、同じ4％で運用した場合だと、その期待リターンは年間13.2万円となります。

> **期待リターン**
> 平均額ベース　22.52万円＝563万円×4％
> 中央値ベース　13.2万円＝330万円×4％

何もしないよりはマシですし、至れり尽くせりの投資環境でこのリターンなら十分とも考えられますが、一方で、所有する金融資産の全部または大部分を投資した割には物足りないと考える方もいらっしゃることでしょう。

この点、不動産投資では、融資を活用することでレバレッジを効かせ、一般投資家であってもより大きなお金を運用できますから、全額自己資本が基本の株式投資等と比べて、投資効率の違いは明らかです。

また、高額なお金を運用することは、前述した「低リスク」な特徴と相性がよく、この2つをうまく組み合わせられれば、投資による収益拡大に、「再現性」と「効率性」の両立を狙うことができます。

このように、不動産投資には、冒頭でご説明した不遇ともいえる投資環境を踏まえてもなお、資産運用としての"旨味"、もしくは"妙味"があり、多くの一般投資家が新規参入する動機付けになっているのだろうと分析する次第です。

1-2 不動産投資のサイクル
不動産投資の資産規模拡大の流れ

KEYPOINT
- 融資と返済、儲けを積み重ねて金融機関からの信用を上げ、資産規模拡大する
- 副業ならアパートローン、専業ならプロパーローンの融資枠を狙う
- プロパーローンで半永久的に融資を受け、資産を拡大する

資産規模拡大の理想的なサイクル

　ここまでご説明した不動産投資の特徴・メリット自体は、著者独自の見解ではありません。

　少なくとも、著者が不動産投資を始めた頃（もう15年以上前です）には、既に"定説"として広く知られており、別の書籍やセミナー講演等でも、似たような話を聞かれた方もいらっしゃるかもしれません。

　著者自身の実体験を踏まえても、この特徴・メリット自体は確かに正しいと考えているのですが（だからこそ、本書で改めてご紹介しました）、その一方で、これを資産規模拡大の実務に当てはめてみると、おそらく多くの方がイメージする理想形と現実は、相当にかけ離れているだろうとも思います。

　ここが大事なポイントで、この不動産投資の特徴・メリットを活かし、「再現性」と「効率性」を両立した資産規模拡大を実現するには、いくつかの知識・理論を正しく理解し、それを実践することが必要です。

　本書は、その橋渡しとなることを目的に書かれています。

「図1-2-1」は、不動産投資の特徴・メリットからイメージされるであろう、資産規模拡大の理想的なサイクルを表したものです。

図1-2-1 | **資産規模拡大のイメージ図（理想形）**

```
         「儲かる」物件を選別する
              ↗          ↘
金融機関から評価が上がる      融資を受けて購入する
              ↖          ↙   （効率よく資産規模拡大）
              儲ける
          （再現性高く実現）
```

　収益物件を、融資を受けて購入することで、全額現金で運用するよりも「効率的」に資産規模の拡大ができます。

　また、リスクの低い特徴から想定に近い儲けが出しやすいことで、資産規模の拡大に「再現性」を期待することもできます。

　こうした実績が金融機関の評価に繋がり、さらに融資を受けやすい環境が整い、どんどん資産規模拡大は加速していく……、この好循環を形成することが、不動産投資における、一つの理想形となるわけです。

現実のパターン①
「儲かる物件（のつもり）」が儲からない

　では、現実はどうかといえば、実際に多いパターンは「図1-2-2」にある2パターンです。

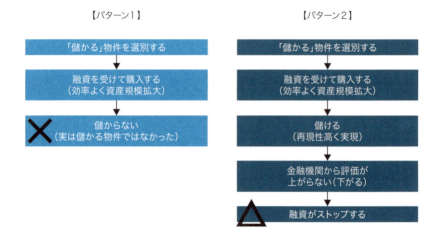

図1-2-2｜資産規模拡大のイメージ図（現実）

「パターン1」は、収益物件を、融資を受けて購入してみたものの、全く儲からなかったというものです。

　不動産投資の「低リスク」の特徴をもう一歩踏み込んで解釈すると、

・「儲かる物件を買えば、ちゃんと儲かる（高い確度で儲かる）」

というだけでなく、

・「儲からない物件を買えば、ちゃんと損する（高い確度で損する）」

ということでもあります。

　冒頭にもご説明のとおり、不動産投資を取り巻く投資環境は厳しいものがあり、一般投資家の方にとっては、投資判断に必要な情報を取得するだけでも容易ではありません。

　また、残念なことに、不動産業界には、購入物件を間違えやすい（騙されやすい）"罠"や"誘惑"が至るところに張り巡らされていますので、

実は「儲からない物件」を購入してしまい、低リスクである特徴が裏目に出てリカバーもままならず、融資によるレバレッジ効果で損失が拡大してしまう……、というパターンは決して少なくないのです。

現実のパターン②
金融機関に「融資」を断られる

「パターン2」は、収益物件を、融資を受けて購入し、実際想定どおりに儲かったはずが、なぜか金融機関に評価されず、資産規模拡大の途中で融資がストップしてしまったというものです。

このパターンの要因は大きく2つあります。

1つは、「儲かる物件」の"儲かる"の定義に関して、投資家の考える解釈と、金融機関の考える解釈には"溝"が生じることがあり、不本意ながら、金融機関からは"儲かっていない"と見られている可能性があること。

このギャップは、投資家と金融機関の立場や考え方の違いによるもので、現実的には投資家が金融機関の解釈にある程度寄せないと、融資を受け続けることはできません（どちらの解釈が正しいかを論じても、仕方がありません）。

もう1つは、投資家が金融機関の内情や融資の仕組みを知らず、適切なアプローチができていない可能性があること。

一言で、「金融機関」「融資」といっても様々な選択肢があり、それぞれに特徴・ルールやメリット・デメリットが存在します。

たとえば、アパートローンや提携ローンといった融資商品は、まだ実績のない不動産投資家でも融資を受けやすい反面、利用するたびに個人与信を棄損する商品設計となっており、個人与信の弱い方や大きな資産規模を目標とする方とは相性がよくありません。

長年、不動産投資のご相談をお受けしている中で、その投資家の方の

現在の立ち位置や将来の目的に照らして、そもそも適切でない金融機関や融資を利用していたり、投資家ご本人の気付かぬうちに非効率な方向に進んでしまっていたりすることは、少なくないと感じている次第です。

副業・専業の資産規模拡大の正しいロードマップ

　但し、後者の「パターン２」に関しては、必ずしも"失敗"とは言い切れません。
「パターン１」と異なり、投資家目線での利益はしっかり出ているわけですから、金融機関にあれこれ忖度（そんたく）して面倒な思いをするくらいなら、融資の継続性（投資の効率性）はそこまで追求しなくてよい、という考え方も成立するからです。実際、著者にご相談に来られる方の中には、

・将来の年金不足やお子様の教育資金の足しにしたい
・ご家族に内緒でちょっとしたお小遣いがほしい

といった理由で不動産投資を始める方が大勢いらっしゃいます。
　目標とするイメージが「毎月数万～十数万円程度の安定収入」であれば、融資がストップする前に目標到達できる可能性もありますし、そうでなくとも「融資がストップするまで資産規模拡大できれば満足」とお考えになる方は決して少なくありません。
　あくまでも本業とは別の「副業」的な位置づけで、不動産投資に取り組みたいというニーズは確実に存在するわけです（著者自身は、不動産投資を「専業」として生計を立てている身ではありますが、前述した不動産投資の厳しい投資環境を踏まえれば、「副業」と割り切る方針は、むしろ"アリ"だと考える次第です）。

　つまり、不動産投資の資産規模拡大のロードマップは、

・「副業」として、無理のない範囲で資産規模を拡大したい方
・「専業」を目指して、"ガチ"で資産規模を拡大したい方

の両者では、別物として考えた方が実態を反映できるといえましょう。
「図1-2-3」は、「副業」「専業」別に分けて考えた場合の、資産規模拡大のロードマップのイメージ図です。

図1-2-3 資産規模拡大のロードマップのイメージ図

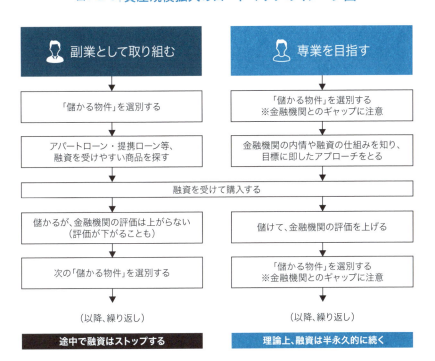

これから、それぞれのロードマップにおける、具体的な重要ポイントや注意点等をご説明していきます。
是非、ご自身はどちらを目指すのかを具体的にイメージしながら、読み進めていただければと思います。

1-3 「儲かる物件」とは？
「副業」の資産規模拡大で最初に考えるべきこと

KEYPOINT

- 資産規模拡大でめざすのは、「賃貸時のキャッシュフロー」の増加
- 儲けは「家賃収入−借入返済金−その他支出」だけで計算できない
- 簡略化した収益計算では、資金繰りに行き詰まる可能性がある

「副業」はキャッシュフローの増加を目指す

　まずは、不動産投資に「副業」として取り組む場合のロードマップを考えてみましょう。
　先ほど、目標とするイメージが「毎月数万〜十数万円程度の安定収入」である方が多いことに触れましたが、これを言い換えると、

・「賃貸時のキャッシュフロー（以下、「CF」と書きます）」の増加

を「副業」における資産規模拡大と解釈していることになります。
　CFとは、投資による収入から支出を引いた「現金収入」のこと。不動産投資では、「家賃収入」から、「借入返済」「その他支出（管理費・修繕積立金・固定資産税等）」を差し引いた金額（1年単位）を指すことが一般的です。

> **不動産投資におけるCF**
>
> CF ＝ 家賃収入 － 借入返済額 － その他支出（※）
>
> （※）管理費、修繕積立金、固定資産税・都市計画税等

　逆にいえば、「副業」として取り組む方には、たとえば購入した収益物件自体の簿価（帳簿上の価値）、あるいは資産と負債とのバランスや純資産の増減といった、いわゆる財務的な資産規模や決算書の仕上がりを意識している方は多くありません（著者の肌感覚では、ほぼいません）。

　こうした財務指標や決算書に対する意識の差が、端的に後ほどご説明する「専業」を目指す投資家との大きな違いである、とも表現できましょう。

　では、不動産投資で「儲かる物件」を選別する（＝毎年のCFが見込める物件を見極める）には、どうすればよいでしょうか？

　具体例を使って、少し掘り下げてご説明していきましょう。

「副業」でも、「儲かる物件」の選別はしっかりと！

　モデルケースとして、下記のような案件があったとします。

> 【収益物件】価格2,500万円（諸経費込）
> 【購入条件】自己資金300万円、融資2,200万円
> 【投資1年目の見通し】
> 家賃120万円（満室）、借入返済額80万円、
> その他支出20万円（管理費・修繕積立金・固定資産税等の合計）

　先ほどの計算式に当てはめると、

CF（期待CF）＝20万円（120万円－80万円－20万円）

という計算になりますが、実際の不動産投資では、これほど簡単にCFは出ません。

たとえば、実際の賃貸経営では、必ず退去・空室が発生します。

退去があれば、原状回復工事（室内を次の入居者に貸せる状態に戻す工事）を行い、賃貸仲介会社に広告料を支払って入居者募集を行いますが、仮に退去が4年に1度発生し、そのうち工事中を含む空室期間が2カ月とすれば、「図1-3-1」のように、1年あたり実質5万円の収入減となります。

図1-3-1｜空室期間を考慮した実質家賃収入のイメージ

また、原状回復工事費と広告料が各家賃1カ月分ずつとすれば、4年毎に20万円、1年あたり実質5万円の支出増が予測されます。

退去・空室を想定しただけで、期待CFは20万円→10万円と半分になってしまいましたが、実際には、ほかにも設備故障や各種保険料の支払による支出増、家賃下落による収入減、あるいは金利が上昇すれば借入返済額も増加するなど、様々な想定が必要です。

さらに、冒頭でご説明したように、不動産投資の利益（不動産所得）は、高税率かつ複雑な総合課税制度の対象で、「図1-3-2」のとおり、最大55.95％の所得税・住民税が課税されます（課税はCFではなく所得を基準とするため、CFが0円や赤字でも課税される可能性があります）。

図1-3-2 | 所得税・住民税合算税率の速算表

課税所得	税率	控除額
0円～1,950,000円	15.10%	0
1,950,001円～3,300,000円	20.21%	99,548
3,300,001円～6,950,000円	30.42%	436,478
6,950,001円～9,000,000円	33.48%	649,356
9,000,001円～18,000,000円	43.69%	1,568,256
18,000,001円～40,000,000円	50.84%	2,854,716
40,000,001円～	55.95%	4,896,716

つまり、一般的な計算式で算出したCFは、実態と著しくかけ離れた、あまりにも甘すぎる見通しであるということです。

副業でも必須の本質的な収益計算とは？

ではなぜ、こうした使い物にならないCFの計算式が一般化しているのでしょうか。著者は売買現場の営業事情によるものと見ています（これも、不動産投資の不遇な投資環境の一端といえましょう）。

実用に耐えるCFを計算するには、投資家自身で、案件ごとに想定される様々な要素を洗い出し、それぞれに合理的なパラメータを設定して計算（シミュレーション）する必要があります。

「図1-3-3」は、その計算書式（収益計算シミュレーション）の一例です。ちなみに、拙著『不動産投資の「収益計算」シミュレーション実践編』の特典付録です。

一つ一つは難しい計算ではないのですが、それでも一般投資家の方が初見で面食らう程度には、複雑でテクニカルな書式ではないかと思います。

あくまで計算方法（シミュレーション）の一つの参考例ですが、不動産投資でCFをしっかり計算するには、たとえ「副業」であっても、このレベルの専門知識・スキルは必須です。

ここを疎かにしてしまうと、先ほど「図1-2-2」（24ページ）でお示しした「パターン1」のように、資産規模拡大どころか、ただただ損失を拡大するだけの結果に陥りかねないということは、重ねて強調しておきたいと思います。

図1-3-3｜収益計算シミュレーション実践編　雛形書式

①物件名称

②購入条件

必要購入資金		円
物件価格		円
取得時支出（取得価額）		円
取得時支出・費用（初年度計上）		円
購入資金		円
投下可能自己資金		円
借入予定金額		円
購入後の自己資金余力		円

<< 参考情報 >>

表面利回り	
実質利回り	

③ CF計算シミュレーション（購入・賃貸）

投資年数	（年目）					合計
築年数	（年目）					
本人年齢	（歳）					
配偶者年齢	（歳）					
子供年齢（1人目）	（歳）					
子供年齢（2人目）	（歳）					
収入						
満室時家賃	（年額/千円）					
礼金・更新料	（年額/千円）					
（空室期間相当額）	（年額/千円）					
（家賃下落相当額）	（年額/千円）					
支出						
固定運営費（税金・保険料）	（年額/千円）					
固定運営費（税金・保険料以外）	（年額/千円）					
入居者変更時諸経費・修繕費	（年額/千円）					
借入返済	（年額/千円）					
元本返済分	（年額/千円）					
金利返済分	（年額/千円）					
初年度支出	（年額/千円）					
想定CF（単年）	（千円）					
想定CF（累積）	（千円）					
＜参考＞借入金残債（年度末時点）	（千円）					

④損益計算シミュレーション（購入・賃貸）

投資年数	（年目）					合計
築年数	（年目）					
本人年齢	（歳）					
配偶者年齢	（歳）					
子供年齢（1人目）	（歳）					
子供年齢（2人目）	（歳）					
売上						
満室時家賃	（年額/千円）					
礼金・更新料	（年額/千円）					
（空室期間相当額）	（年額/千円）					
（家賃下落相当額）	（年額/千円）					
費用						
固定運営費（税金・保険料）	（年額/千円）					
固定運営費（税金・保険料以外）	（年額/千円）					
入居者変更時諸経費・修繕費	（年額/千円）					
借入金利子	（年額/千円）					
減価償却費	（年額/千円）					
初年度費用	（年額/千円）					
想定損益（単年）	（千円）					
想定損益（累積）	（千円）					
＜参考＞簿価（建物等の分/年度末時点）	（千円）					
＜参考＞簿価（土地の分/年度末時点）	（千円）					

※シミュレーションの詳細は、『不動産投資の収益計算本格入門』『不動産投資の収益計算シミュレーション実践編』にてご説明しています。必要に応じてご参照ください。

⑤CF計算シミュレーション（売却）	
投資年数	（年目）
築年数	（年目）
本人年齢	（歳）
配偶者年齢	（歳）
子供年齢（1人目）	（歳）
子供年齢（2人目）	（歳）
収入	（千円）
売却価額	（千円）
支出	（千円）
売却時支出	（千円）
購入資金（借入金残債）	（千円）
想定CF（売却時点）	（千円）
⑥損益計算シミュレーション（売却）	
投資年数	（年目）
築年数	（年目）
本人年齢	（歳）
配偶者年齢	（歳）
子供年齢（1人目）	（歳）
子供年齢（2人目）	（歳）
売上	（千円）
売却価額	（千円）
費用	（千円）
取得費（売却時簿価）	（千円）
譲渡費用	（千円）
想定損益（売却時点）	（千円）
⑦不動産投資の「本当の儲け」	
投資年数	（年目）
築年数	（年目）
本人年齢	（歳）
配偶者年齢	（歳）
子供年齢（1人目）	（歳）
子供年齢（2人目）	（歳）
購入・賃貸時	
給与収入	（千円）
課税所得金額（給与のみ）	（千円）
所得税・住民税合算税率（給与のみ）	（千円）
所得税・住民税合算税額（給与のみ）	（千円）
不動産投資の想定CF（単年）	（千円）
不動産投資の想定損益（単年）	（千円）
課税総所得金額	（千円）
所得税・住民税合算税率	（千円）
所得税・住民税合算控除額	（千円）
所得税・住民税合算税額	（千円）
所得税・住民税合算税額（不動産投資のみ）	（千円）
不動産投資の「本当の儲け」（単年）	（千円）
不動産投資の「本当の儲け」（累積）	（千円）
売却時	（千円）
不動産投資の想定CF	（千円）
不動産投資の想定損益	（千円）
所得税・住民税合算税率	（千円）
所得税・住民税合算税額	（千円）
不動産投資の「本当の儲け」	（千円）
不動産投資の「本当の儲け」（TOTAL）	（千円）

1-4 不動産投資の融資①
「副業レベル」の資産規模拡大では、アパートローンを狙う

KEYPOINT
- アパートローンとは、収益物件への融資に特化した金融商品
- プロパーローンとは、金融機関が厳しい独自基準を経て貸し出す金融商品
- 副業なら、個人与信を重視するアパートローンを狙う

不動産投資の融資は「アパートローン」か「プロパーローン」

「儲かる物件」を選別できるようになったら、次は「融資」を考えます。

不動産投資でよく使われる融資は、大きく分けて「アパートローン」「プロパーローン」の2種類がありますので、まずは両者のご説明から入りましょう。

「図1-4-1」に、両者の大まかな特徴を整理しました。

アパートローンとは、収益物件への融資に特化したパッケージ商品の総称です（金融機関によっては、「マンションローン」「不動産投資ローン」等の商品名だったり、特定の不動産業者との「提携ローン」を抱えたりすることもありますが、本書では類似の特徴を持つ融資商品の呼称を「アパートローン」に統一します）。

投資家本人の「個人与信」を重視した審査に特徴があり、投資家本人の年収・保有資産・属性等の所定事項が一定水準をクリアしていれば、融資上限額の範囲内で、投資初心者の方であっても比較的容易に融資を

受けやすい傾向があります。

他方のプロパーローンとは、"proper＝固有の"が指すとおり、パッケージ融資商品ではなく、融資先の財務内容・決算実績や、案件単位の収益性・担保価値を厳しく審査し、融資条件を個別に設定するオーダーメイド型商品の総称です。

保証会社を付けず金融機関がリスクを負うため（後述しますが、保証協会は付けることもあります）、一般にアパートローンよりも審査は厳しく・長期化する傾向があり、金融機関の内情や融資の仕組みを知らないと、なかなか攻略は難しいでしょう。

また、建て前上は融資上限額を設定しないため、事業実績が認められ、相談した案件が問題ないと判断されれば、理論上は半永久的に融資を受け続けることができます。

金融機関によっては、アパートローンという商品名でも、プロパーローンに近い審査をすることもあれば、その逆もあります。細部も金融機関によって異なりますので、絶対的な分類ではなく、商品の特徴による大まかな分類であることをご理解ください。

「副業」で活用する融資は、原則アパートローン！

では、「副業」としての不動産投資では、どちらの融資を活用すればよいでしょうか。

結論をいえば、基本的にはアパートローンの活用を検討するのが現実的です。

アパートローンの審査では、投資家本人の年収・保有資産・属性等を重視するため、本業の継続安定収入や肩書がプラスに評価されやすく、「副業」であっても審査に通りやすいメリットがあるためです。

図1-4-1 | アパートローンとプロパーローンの特徴

審査基準		アパートローン	プロパーローン
審査基準	個人	年収・保有資産、属性（勤務先・勤続年数等）など	左記に加えて、財務内容・決算実績など
	収益物件	収益性、担保価値など※比較的緩く審査	収益性、担保価値など※比較的厳しく審査
審査期間		短い	長い
融資上限額		一律上限額・個別上限額あり	なし
金利		基準範囲内で設定	案件毎に個別で設定
融資金額		基準範囲内で設定	案件毎に個別で設定
融資期間		基準範囲内で設定	案件毎に個別で設定
保証会社		あり	なし※保証協会は付ける場合あり

　実際、著者への相談事例や金融機関へのヒアリング結果を見ても、「副業」として取り組む方の大半は、アパートローンを活用していることが伺えます。

　もっとも、本業が自営業だったり、別事業の経営者だったりすれば話は別です。

　金融機関が、投資家の本業とする事業を高く評価してくれれば、不動産投資自体は「副業」の位置づけであっても、いきなりプロパーローンで融資を受けられるかもしれません。

　とはいえ、大多数の方は、「副業」ではアパートローンを活用するはずですから、本書ではその前提でのロードマップを考えていきます。

アパートローンの融資は、突然ストップする

　アパートローンによる資産規模拡大で避けられないのは、実質的に融資上限額があり、どこかで融資がストップするという点です。

　融資がストップする原因は大きく2つあり、1つは「自己資金の枯渇」です。

「図1-4-2」は、案件単位でのアパートローンの融資金額の目安を示したイメージ図です。

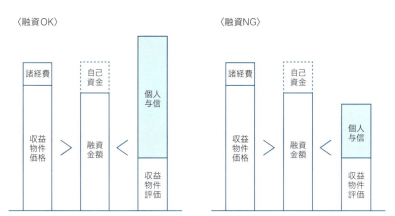

図1-4-2 | アパートローンの融資金額イメージ（案件単位）

アパートローンの融資金額は、原則として「収益物件価格＋諸費用」に対して、一定の自己資金を引いた金額を上限に、個人・収益物件の評価を合算した範囲内で決定されます（かつては収益物件価格の全額に対する「フルローン」、あるいは諸費用も含めた全額に対する「オーバーローン」の融資もありましたが、現在ではほぼ見られません）。

必要な自己資金は、相談先の金融機関や案件の内容・タイミング等によってケースバイケースですが、2024年現在では「収益物件価格の1割〜3割＋諸費用」がおおよその目安です。仮に、購入したい収益物件が価格3,000万円なら「300〜900万円＋諸費用」、価格5,000万円なら「500〜1,500万円＋諸費用」が自己資金となります。

参考まで、先ほどの金融資産保有額から単純計算すると、中央値（330万円）ベースでは1,000〜3,000万円前後、平均値（1,307万円）ベースでも4,000万円〜1億円ちょっとの融資を受けたあたりで、自己資金が枯渇することになります。

「副業」である以上、不動産投資で出たCFの全部または相当程度が個人消費（年金不足対策や教育資金等への補填）に回るとすれば、CFを自己資金として再投資できる割合は限定的でしょう。

だとすれば、自己資金から見たアパートローンの融資上限は、この付近のレンジに収まるケースが多いといえるのかもしれません。

アパートローンは個人与信の切り売り

もう1つの原因は、アパートローンは、本質的に「個人与信（信用力）を切り売りして受ける融資」であり、そもそもが「融資を重ねるほどに審査が厳しくなる」商品設計となっている点です。

先ほど、アパートローンの審査では「投資家本人の年収・保有資産・属性等を重視する」とご説明しましたが、金融機関はこれらの要素を数値化して与信枠（融資上限額）の算出に活用しています。

融資上限額の計算イメージ

- 年　　　収：年収のN倍を融資上限額に設定
  　　　　　　（7倍〜10倍程度のことが多い）
- 所 有 資 産：融資上限額に加算
- 属　　　性：現在の年収を補正
- 既存借入額：融資上限額から減算

※あくまでイメージです。具体的な計算方法はどの金融機関も非公開ですが、実際にはより複雑な計算がされているはずです。
※投資家個別の上限額のほか、アパートローンという商品自体にも、融資上限額を設定する金融機関もあります。

現実的に、年収や属性が短期間で劇的に改善することはありませんか

ら、実質的に与信枠は消費される一方で、いずれは上限に到達してしまうことになります。

　このように、アパートローンには、「自己資金」「融資上限額」の両面から、資産規模拡大へのストッパーが存在します。

アパートローンの融資額の目安とは？

　正確なデータはありませんが、著者への相談事例や金融機関からのヒアリング結果を見る限り、実際には1億円未満で融資がストップする方が多い印象です（ごく稀に、2億、3億と実績のある方もいらっしゃいますが……）。

　とはいえ、一般投資家の方が、数千万円以上の融資を受けられる資産運用などなかなかありませんので、必要以上にこれをネガティブに捉えることはないとも思います。

　自己資金や与信枠の範囲内で不動産投資に取り組むという割り切り方は全然"アリ"ですし、これが物足りないと感じるなら、プロパーローンの活用を検討すればよい話だと思う次第です。

　次の頁からは、「専業」を目指す場合のロードマップについて、プロパーローンの活用を想定した資産規模拡大のポイントや注意点をご説明します。

「専業」を目指すと決めている方だけでなく、アパートローンの先に進むか迷っているにも参考になるはずですので、是非このまま読み進めていただければと思います。

1-5 不動産投資の融資②
「専業レベル」の資産規模拡大なら、プロパーローンを狙う

KEYPOINT
- 専業を狙うなら、限度額があるアパートローンは望ましくない
- プロパーローンを狙うなら、「財務知識」と「金融機関の知識」が必須
- 金融機関の審査は、ロジカルな部分だけでなく、しがらみの影響も大きい

プロパーローン対策の基本となる2つのポイント

　続いては、不動産投資で「専業」を目指す、あるいは「専業」になってからも資産規模拡大を続ける場合のロードマップを考えてみましょう。

　この場合、融資には「プロパーローン」の活用を前提に置きます。

　前述したように、融資上限額のあるアパートローンでは資産規模拡大には限界がありますし、仮に「専業」になれたとしても、専業化した後はかつての本業（会社員・公務員等）の年収や属性を失うため、審査で個人与信を重視するアパートローンでは、その後が厳しいからです。

　個別具体的な知識やテクニックは後ほど詳しくご説明しますので、まずはプロパーローン対策の基本的な考え方を2点、ご説明しておきましょう。

> **プロパーローン対策の基本的な考え方**
> ①財務状況を把握し、決算書を磨くこと
> ②金融機関を知り、審査の内情を知ること

「①財務状況を把握し、決算書を磨くこと」について、やや概念的な表現ですが、プロパーローンは、投資家による"資産運用"に対してではなく、経営者による"不動産投資事業（不動産賃貸事業）"に対する融資です。

審査では、決算書や外部鑑定評価等のエビデンス資料から、「事業自体の財務状況（実績や今後の見通し）」を中心に確認される傾向が顕著で、この点が個人与信を重視するアパートローンとの分かりやすい違いとなっています。

中でも、決算書にある「財務三表」と呼ばれる書類のうち、「貸借対照表」「損益計算書」は、プロパーローンの審査において、とりわけ入念に分析・評価されます。

財務三表の種類と概要

貸借対照表（Balance Sheet＝B/S）
・決算日時点の「資産」「負債」および「純資産」を表す。
・事業の財務内容や状況を把握するための根拠となる資料。

損益計算書（Profit&Loss statement＝P/L）
・事業年度毎の「収益」から「費用」を差し引いた「利益」を表す。
・事業の利益や損失の原因を読み解く根拠となる資料。

キャッシュフロー計算書（Cash Flow Statement＝C/F）
・事業年度毎の現金の流れを「営業」「投資」「財務」の区分で表す。
・事業の資金繰りや資金ショートの危険を読み解く根拠となる資料。
※上場企業等の大規模法人以外は任意。過去の成績に対するものなので、不動産投資では作成しないことが多い

プロパーローン対策には、最低でも「貸借対照表」「損益計算書」の

主要な数字に関して、その背景を含めた現状把握が必須、そのうえで、日ごろより財務的な問題点の対策を図り、少しずつでも決算書を磨いていければベターでしょう。

具体的な決算書の分析・改善ポイントは、第2部・第3部で詳しくご説明しますが、まずは融資対策のカギが「決算書の数字」にあることをご理解いただけたらと思います。

金融機関の審査は、ロジカルには進まない

「②金融機関を知り、審査の内情を知ること」について、審査がパッケージ化されたアパートローンと異なり、プロパーローンは個別審査が基本です。

個別審査ゆえ結果を予測しにくく、支店長まではトントン拍子で進んでいた案件が本店審査で想定外の指摘を受けて頓挫(とんざ)したり、担当者や支店長が変わった瞬間に全く融資に協力的でなくなったり……といったことは、実際あちらこちらで起きています（周囲の専業大家さんからよく聞く話ですし、著者自身も経験済です）。

おそらく、外野が想像しているほどには金融機関内部の審査体制はロジカルで一枚岩ではなく、「営業ノルマを追う支店」と「指摘をするのが仕事の本店審査部」との駆け引きや力関係だったり、窓口となる担当者の社内調整スキルや忙しさだったりが、特にプロパーローンでは少なからず審査結果に影響するのだろうと分析しています。

もっとも、こうした投資家本人や案件自体とは直接関係しない、ある種の"理不尽"は、金融機関に限らずどこの企業にもあることかもしれません。

あまり目くじらを立てても仕方がなく、これらを理解したうえで、上手に立ち回る方法を考えるほうが建設的でしょう。

53ページからの第2章では、こうした金融機関の仕組みや業界事情、内部事情をご説明し、第2部では立ち回りのテクニックとして「情報開示シート」の利活用方法をご説明します。

1-6 プロパーローン対策
金融機関がプロパーローンで重視していること

KEYPOINT
- 金融機関は「儲かるか」だけでなく「保有資産の価値」を見ている
- 現金預金が増えても、純資産が減るのは好ましくない
- 補足資料として、「時価純資産」を踏まえた財務資料も構築していく

プロパーローンでは「保有資産の価値」にも注意する

　ここからは、「儲かる物件」の選別について、プロパーローン対策の観点からご説明します。

　先ほど、「副業」でアパートローン活用を前提にした場合、"儲かる"の解釈は「賃貸時のCFの増加」でしたが、プロパーローン対策でも、これを中心に考えることは変わりません（シミュレーションの重要性も然り）。

　継続安定性のある毎月・毎年のCFは、不動産投資のメリットを象徴するものですし、「専業」で取り組む方こそ、CFの一部から生活資金を捻出する必要があるわけで、現実問題として、これを無視するわけにはいかないでしょう。

　また、詳しくは後述しますが、「CF増加≒現金預金の増加」は、損益計算書の「利益」や貸借対照表の「純利益」の増加に繋がるため、財務的な意味でもこの点を重要視することには道理があります。

　但し、プロパーローン対策では、これに加えて「保有資産の価値」にも意識を向けて、収益物件を選定する必要があります。

実際に売却を「する／しない」、売却想定の「ある／ない」に関係なく、保有資産の価値増減は決算書の数字に直結し、審査結果にも影響を与えるため、その価値を把握し、今後の推移を予測しておく必要があるのです。

最低限知っておきたい「損益計算書」と「貸借対照表」の関係

以下、CFと決算書（損益計算書・貸借対照表）の関係性について、順番にご説明します。

財務書類に明るくない方でも論点を理解しやすいよう、第1部では"分かりやすさ"を重視して説明します。細部の正確性は第2部・第3部で補足しますので、予めご了承ください。

まずは、CFと、損益計算書の「利益」との関係ですが、両者は実質的に近い意味合いを持ち、ある程度連動して数字が上下します。

損益計算書では、「収益－費用＝利益」を求めますが、ざっくりといえば、

- 収益 ≒ その収益物件からの家賃

- 費用 ≒ その収益物件にかかる借入返済額＋その他支出（＋税金）

  （※）正確には、損益計算書の費用には「減価償却費」を含み、「借入返済額（元本分）」を含まない等の差分がありますが、金融機関で審査する際、この点は実態ベースに補正されることもあります。詳しくは第2部でご説明します。

であるため、結果的に「CF増加≒損益計算書の利益増加」となります。

問題は、CFと、貸借対照表の「純資産」との関係です。

貸借対照表では、「資産－負債＝純資産」を求めますが、「CF増加≠貸借対照表の純資産の増加」となるケースが、往々にして発生するのです。

「図1-6-1」は、モデルケース条件下における、貸借対照表（簡略図）の推移予測です。

> **モデルケース**
> 〈収益物件〉
> 価格：4,500万円（土地2,000万円、建物2,500万円）
> 償却期間：4年
> CF：年間100万円
> ※「CF＝現金預金の増減」とシンプルに考えてください
> 〈購入条件〉
> 自己資金：500万円
> 融資：4,000万円、金利2.5％（元利均等）、返済期間15年

図1-6-1｜モデルケースにおける貸借対照表（簡略図）の推移予測

収益物件の購入前後では、純資産に増減はありません。

この時点では、現金預金を500万円減らし、借入金を4,000万円増やした代わりに、固定資産（土地・建物）が4,500万円増えており、「資

産」と「負債」の内訳が変わっただけの結果です。

しかし、購入4年後には、毎年100万円ずつCFが積み上がることで、現金預金は500万円→900万円（500万円＋100万円×4年）に増加、借入返済が進むことで、「負債（借入金）」は4,000万円→3,075万円（概算）に減少します（前述の通り、ここでは「CF＝現金預金の増減」とします）。

現金預金が増えて、「負債」が減れば、差し引きで「純資産」も増えそうに思えますが、モデルケースでは1,000万円→▲175万円に大幅減少となり（債務超過状態です……）、「CF増加≠貸借対照表の純資産の増加」の状態となりました。

なぜ現金預金が増えたのに、純資産は減ったのか？

原因は、保有物件の資産価値の減少──表中の「固定資産（建物）」の評価額（簿価）が2,500万円→0円に減少したこと──にあります。

この簿価の減少は、経年劣化する固定資産（建物等）については、所定のルールで帳簿上の価値（簿価）を減価させようという「減価償却」の手続きによるもので、実際に建物が使えなくなったとか、売買価値（時価）が0円になったとかの事情によるものではありません。

> **減価償却とは**
> ・購入した固定資産の価値を、所定の耐用年数（償却期間）に按分して減価させる税務会計上の手続き
> ・土地は減価償却せず、建物・設備は減価償却するルール
> ※詳細は、第3部へ。

モデルケースの4年償却とは、例えば築23年の木造アパート等が該当します。

現実には築30年・築40年でも高稼働を続ける事例はいくらでもあり、簿価の極端な減少が実態を反映していないことは明らかなのですが、決算書の数字はこうした決まりで推移するルールです。

　もちろん、金融機関も貸借対照表の数字だけで判断するわけではないにせよ、言わずもがな、大幅な「純資産」の減少や債務超過状態は、プロパーローン対策としては好ましくありません（特に債務超過は、一般に融資相談の足切り要件として知られており、ほぼ新規の融資は厳しいと思うべきです）。

儲かるだけでなく「財務状況をよくする物件」が理想

　では、購入5年目以降についても、今ある情報から予測してみましょう。

> **購入5年目以降の予測**
> ・現金預金の増加は鈍化、または減少に転じる可能性あり（費用計上できる減価償却が終わったことで税額が増え、CFが減る見込みのため）
> ・固定資産（土地/建物）の簿価は変化なし（既に建物が0円、土地は減価償却しないため）
> ・減少後のCFがプラスなら、「資産」は購入4年目を底にプラスに転じる（同、マイナスなら「資産」はさらに減少する）

　他にも色々細かな予測は立ちますが、大きなところではこうした推移を辿りそうです。

　購入5年目以降は、CFが増税影響を吸収できるかがポイントで、これは課税額をシミュレーションすることで、事前におおよその予測は立てられるでしょう。

プロパーローン対策としては、「純資産」の回復が予測できるなら、金融機関にそのシミュレーションを示す、あるいは戦略的に次回融資まで少し休む（財務状況が回復するのを待つ）といったことが考えられます。

逆に、購入5年目以降も「純資産」が減少を続ける予測なら、

・案件内容を見直す（よりCFの大きい収益物件・償却期間の長い収益物件にする、または借入期間を短くする等）
・途中で収益物件を売却して、簿価と実態（時価）とのギャップを埋める
・事業に増資をして、現金預金を追加する（法人であれば役員借入でも可）

といったことが対策の一例として、考えられるでしょう。

最後はやや駆け足でのご説明でしたが、重要なことは、プロパーローン対策では、こうした財務影響も含めて「儲かる物件」を選別し、場合によっては融資条件の見直しも検討する必要があるということです。

いまはピンと来ない読者の方もいらっしゃったかもしれませんが、本書を読み終えたときには、上記のご説明に合点がいき、より具体的でご自身の事情に沿った対策がいくつも思い浮かぶようになっているはずです。

実態を反映する「時価純資産」も意識しよう！

最後に、「時価純資産」をご説明して、第1章を終えようと思います。

時価純資産とは、貸借対照表の基本的な仕組みはそのままに、すべての「資産・負債」を、「簿価」ではなく、「時価」で計算することで純資

産を求める指標です。

　時価の査定精度によって計算結果にブレが生じる可能性はありますが、実態によらず機械的に簿価で計算する貸借対照表よりも、事業の財務状況をより正確に把握できるメリットがあります。

「図1-6-2」は、先ほどのモデルケースで、仮に購入4年後に収益物件（建物）の時価が8割に減った場合を想定し、時価純資産で再計算した予測です。

図1-6-2｜モデルケースにおける時価純資産（簡略図）の推移予測

【購入前】

資産（時価）	現金預金	1,000万円
負債（時価）		
時価純資産（資産－負債）		1,000万円

【購入直後】

資産（時価）	現金預金	500万円
	固定資産（土地）	2,000万円
	固定資産（建物）	2,500万円
負債（時価）	借入金	4,000万円
時価純資産（資産－負債）		1,000万円

【購入4年後】

資産（時価）	現金預金	900万円
	固定資産（土地）	2,000万円
	固定資産（建物）	2,000万円
負債（時価）	借入金	3,075万円
時価純資産（資産－負債）		1,825万円

　購入4年後の時価純資産は、1,000万円→1,825万円（＋825万円）に増加しており、実態ベースでは資産規模の拡大を予測できました。

　内訳を見ると、現金預金の増加（＋400万円）も然ることながら、借入金の減少（△925万円）が、時価純資産の増加に大きく影響していることが分かります。

　不動産投資の財務状況を実態ベースで考えた場合、今回のように「借入金の減少幅＞時価の減少幅」の差分によって、資産規模が拡大するパターンは少なくありません。

　この差分は売却時までは具現化しない、いわば"含み益"ではありますが、売却によって、一気に拡大ペースが上がったり、貸借対照表の問題が解消したりといった"起爆剤"になりえますので、目先の売却想定有無によらず、資産を構成する一部と捉えて差し支えないでしょう。

なお、誤解のないように補足すると、金融機関側でも、専門家や自社専門部署によって時価ベースの資産価値を算出しているようで、時価純資産も審査対象の一つであることは間違いありません。

　但し、著者の経験上、真っ先に確認されるのは決算書の「純資産」であるため、融資対策としての優先度は、「決算書の数字＞時価純資産」と考える次第です。

第1章 まとめ

■不動産投資には、他の投資にはない魅力がある

- 低リスクかつリスクコントロールが可能
- 資産規模拡大の再現性が高い
- 融資によるレバレッジ効果で、効率的に資産規模を拡大できる

■儲かる物件で確実にキャッシュフローを稼ぎ出す

- 資産拡大でめざすのは、「賃貸時のキャッシュフロー」の増加
- 儲けは「家賃収入−借入返済金−その他支出」だけで計算できない
- 簡略化した収益計算では、資金繰りに行き詰まる可能性がある

■「副業・専業」を問わず、融資で資産を拡大していく

- 副業ならアパートローン、専業ならプロパーローンの融資枠を狙う
- アパートローンとは、収益物件への融資に特化した金融商品
- プロパーローンとは、金融機関が厳しい独自基準を経て貸し出す金融商品
- 副業なら、個人与信を重視するアパートローンを狙う
- 専業を狙うなら、限度額があるアパートローンは望ましくない

■プロパーローンは「保有資産の価値」を重視せよ！

- プロパーローンを狙うなら、「財務知識」と「金融機関の知識」が必須
- 金融機関の審査は、ロジカルな部分だけでなく、しがらみの影響も大きい
- 金融機関は「儲かるか」だけでなく「保有資産の価値」を見ている
- 現金預金が増えても、純資産が減るのは好ましくない
- 補足資料として、「時価純資産」を踏まえた財務資料も構築していく

第 2 章

資産規模拡大に必須の金融機関・融資対策

　融資の活用にあたっては、不動産投資家それぞれの目標や事情に応じた適切な金融機関を選定し、金融機関の考えていることをある程度予測したうえで、上手く立ち回ることがポイントなります。

　本章では、そのために必要となる知識として、金融機関の「種類」や「内部事情（体制・承認プロセス等）」、そして代表的な「融資・審査の原則」について、詳しく説明します。

2-1 金融機関の基本知識
金融機関の特徴を知り、自分に合った融資相談先を探す

KEYPOINT
- 金融機関には大きく5つの形態がある
- 都市銀行はほぼ全国で取引可能で金利も低いが、審査は厳しい
- 審査のゆるい銀行は金利が高くなる傾向がある

金融機関を選定するために必要な「4つの知識」

　ここからは、実際の融資相談を想定して、より具体的な知識・テクニック、そして立ち回りの工夫などの"融資戦略"にテーマを移します。

　先ほどのロードマップの「図2-1-1」の範囲に該当するプロセスです。
　第1章では、アパートローンとプロパーローンの違いをご説明しましたが、次なるステップは、「金融機関の選定（どの金融機関に融資の相談をするのか？）」です。
　購入方法によっては、不動産業者の提携ローン（実態は特定金融機関のアパートローンであることが多い）を使うこともあるでしょうが、そうでない場合や、提携ローン以外の金融機関を考えたいシーンも少なからずあることでしょう。

　本章では、金融機関の選定に関する「知っておくべき知識」を、次の4つの観点に分類してご説明します。是非ご自身のケースをイメージしながら、読み進めていただけたらと思います。

2-1 金融機関の基本知識

図2-1-1 | 資産規模拡大のロードマップにおける第2章の範囲

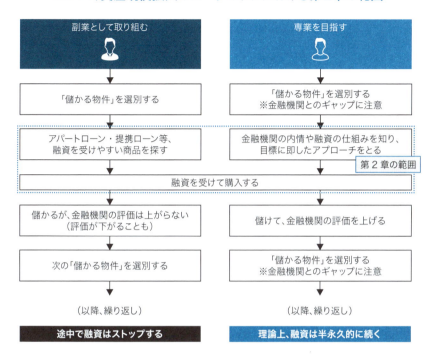

金融機関の選定時に知っておくべき「4つの知識」
① 金融機関の形態別の特徴
② 金融機関の決裁権限別の承認プロセス
③ 金融機関の融資姿勢
④ 金融機関への紹介ルート

金融機関の形態別の特徴

　まずは、「①金融機関の形態別の特徴」からご説明します。
　読者の皆さんが知りたい結論は、「融資エリアが広くて、融資条件

（金利等）も良くて、審査期間は短く、審査基準も緩い金融機関はどこだ？」というものかもしれません。

しかし、残念ながら、そんな金融機関は存在しません。

不動産投資で主として選択肢となる金融機関は、おおまかに「都市銀行」「地方銀行」「信用金庫・信用組合」「ネット銀行・ノンバンク」「政府系金融機関」の形態に分類できますが、たとえば、顧客に大企業を多く抱える都市銀行は、融資上限額は高く、金利も低い一方、要求水準が高く、なかなか投資初心者の方では審査を通過できない、といった特徴があります。

逆に、地域密着の信用金庫・信用組合では、金融機関からの要求が比較的優しい一方、融資上限額や金利等は渋め……といった具合に一長一短です。

「図2-1-2」は、これら金融機関の形態ごとの特徴（メリット・デメリット）を一覧にしたものです。

図2-1-2｜金融機関の形態別の特徴

	都市銀行	地方銀行	信用金庫・信用組合	ネット銀行・ノンバンク	政府系金融機関（日本政策金融公庫）
融資エリア	ほぼ全国	原則、本店のある地域	本店のある地域のみ	首都圏など制限多し	ほぼ全国
融資上限額	高い	やや高い	やや低い	低い	低い
金利	低い	やや低い	やや高い	やや低い〜高い	低い
審査期間	非常に長い	長い	やや短い	短い	長い
審査基準	非常に厳しい	厳しい	やや緩い	緩い	やや緩い

金融機関の数は膨大ですから、個社単位で絞り込む前に、どの形態の金融機関にアプローチするかを考えるほうが合理的かつ現実的です。

たとえば、「専業」を目指してなるべく早くプロパーローンに移行したい場合、比較的に審査基準の緩い信用金庫・信用組合とアパートローン等で早々に取引を開始し、将来に向けて実績と信用を積み上げていくことは、一つの選択肢となるでしょう。

あるいは、「副業」として、区分ワンルーム数戸程度の資産規模が目標であれば、必要以上に融資攻略に時間を割かずとも、不動産業者と提携したネットバンク・ノンバンクや、日本政策金融公庫などの政府系金融機関との取引で足りることもあるはずです。

まずはこうした「どう資産を築いていくか」という観点から、金融機関の形態別の特徴を確認しておきましょう。

(1) ほぼ全国をカバーする「都市銀行」

一般に、「みずほ銀行」「三菱UFJ銀行」「三井住友銀行」のメガバンク3行に、「りそな銀行」「埼玉りそな銀行」を加えた5行を都市銀行（都銀）と呼びます。

都銀と取引するメリットとしては、融資エリアがほぼ全国の収益物件と広く、融資条件（融資上限額・金利）も有利な傾向にあることです。

その一方、審査基準はアパートローンであっても非常に厳しく、審査期間もかなり長期化（数週間は当たり前、1カ月以上も珍しくない）しやすいのがデメリットといえます。

特に、都銀との最初の取引時は、予め時間がかかることを想定し、最悪は審査が間に合わなくとも現金購入できる案件や、競合との時間制約のない「借り換え」からチャレンジするなど、何らか工夫をしたほうがよいかもしれません。

(2) 特定エリアに特化した「地方銀行」

　ほぼ全国に展開する都市銀行に対して、特定の地域・都道府県に特化した銀行が地方銀行（地銀）です。その規模に応じて「第一地銀」「第二地銀」とさらに細分化することもあります。

　基本的には、本店の所在する都道府県やその周辺地域を取引対象エリアとしていますが、スルガ銀行のように、戦略的に取引対象エリアを全国とする地銀もあります。

　不動産投資への融資に関しては、都銀と後述する信用金庫・信用組合の中間くらいのポジションです。ある程度高属性の会社員・公務員の方であれば、投資初心者の方であってもアパートローンは借りられる事例が多くあります。一方、プロパーローンの壁はそれなりに厚いようです。

(3) エリア内の融資のみを扱う「信用金庫・信用組合」

　営利企業である銀行とは異なり、その地域や出資者に対する相互扶助の役割を担う非営利の金融機関が、信用金庫（信金）・信用組合（信組）です。

　融資の前提が、「地域や出資者に対する相互扶助」であるため、エリア外の収益物件や出資者でない方への融資はできない点が最大の特徴です。

　たとえば東京に在住・勤務する投資家（出資者の要件を満たさない方）が北海道の信金から融資を受けることはできませんし、北海道に在住する投資家（出資者の要件を満たす方）であっても、東京の収益物件に対する融資を北海道の信金から受けることはできません。

　不動産投資への融資に関しては、上記前提を満たす案件であれば都銀・地銀よりもハードルは低く、属性を背景にしたアパートローンは元より、ある程度の資金と実績があればプロパーローンも比較的狙いやす

いことがメリットです。

　一方、金利等の融資条件はやや悪い傾向にあるため、前述したエリア制約のデメリットと合わせて、利用する投資家を選ぶ金融機関です。たとえば、初めてのプロパーローンの相談や、「専業」となり会社員・公務員の属性を失くした後の取引においては心強い存在となることでしょう。

　余談ですが、このエリア制約を回避するため、かつて「形だけ住民票や法人事務所をエリア内に移して融資を受ける」「一時的に転居して融資を受けたらすぐにＵターンする」といった不正取引が問題視されたことがありました。

　その対策として、現在では形式的な住所登記だけでなく、生活実態（活動実態）を厳しく判断する信金・信組が増えています。

(4) 審査のハードルが低い「ネット銀行・ノンバンク」

　「イオン銀行」「ソニー銀行」「オリックス銀行」といったネット銀行や、「三井住友トラストローン＆ファイナンス」「セゾンファンデックス」「ジャックス」などのノンバンクも、不動産投資の融資を扱っています。

　ネット銀行では、不動産業者との提携ローンを抱えることも多く、ノンバンクによる保証を前提に、早く・手軽に審査を受けられる点が特徴で、優遇キャンペーン等と組み合わせることで、低金利での融資も期待できます。

　しかし、融資上限額は低い傾向にあり、区分ワンルーム投資等の比較的低額な融資での活用が多い印象です。

　次にノンバンクですが、その名のとおり「銀行ではない」金融機関のことで、いわゆる預金業務を行わず、貸付に特化した金融機関です（前述のとおり、保証会社として間接的に不動産投資の融資に関与することもあります）。

ノンバンクの特徴はシンプルで、「最も審査基準が緩い反面、金利も高い」ことに尽きます。

　耐用年数超過や既存不適格物件などの案件にも比較的融資が出やすいため、投資初心者の方だけでなく、他の金融機関で融資NGとなった案件の"駆け込み寺"的な活用も多く見られます。

(5) 非営利性が強く審査基準が緩い　　「政府系金融機関」

　民間の金融機関以外に「日本政策金融公庫（公庫）」などの政府系金融機関からも、不動産投資の融資を受けることができます。

　公庫の融資制度には、「女性、若者、シニアの方」「廃業歴等があり創業に再チャレンジする方」「中小会計を適用する方」に向けた優遇措置があるなど、信金・信組以上に非営利性が強く、審査基準は比較的緩い傾向にあります。

　さらに、原則として日本全国の収益物件が対象で、金利は都銀や大手地銀並みに低く、かつ固定金利で資金調達できるなど、他の金融機関と比べてもメリットの大きさが際立ちます。

　しかし、公庫の融資期間は最長でも20年（実際の融資事例では10年〜15年が多い模様）、かつ融資上限額が7,200万円までとなっているため、大型の一棟マンション・アパート投資には向きません。

　また、支店やタイミングによっては、審査開始までの"待ち時間"が非常に長く、審査が始まってからも時間がかかるケースが多く報告されています。

　目指す資産規模が大きい場合には、メインで取引する金融機関というよりも、公庫の条件が合致する案件に限りサブとして活用することになるでしょう。

2-2 金融機関の内部事情
金融機関における「融資の承認プロセス」

KEYPOINT
- 「支店決裁」か「本店決裁」かで、審査期間と難易度が変わる
- 決裁権限に要する期間・可能性から逆算して、融資相談先を絞り込む
- 金融機関の融資基準は、内部の方針や人間関係にも左右される

支店決裁は見通しが立てやすく、審査基準も緩い

　次は、「②金融機関の決裁権限別の承認プロセス」をご説明します。

　決裁権限とは「組織における最終判断を下す権利」のことで、金融機関では「融資金額・融資残高」「融資先の格付け」等によって、「支店長→担当役員→社長（頭取）」という具合に、より上位の決裁権者が設定されることが一般的です。

　不動産投資の実務では、融資相談を持ち込む案件が、

・支店長が決裁できる「支店決裁」
　　or
・本店の専門部署（審査部等）や
　担当役員以上の決裁が必要な「本店決裁」

のどちらとなるかがポイントとなります。

　「図2-2-1」は、融資相談を受理してから融資実行までの、金融機関内部の大まかな承認プロセスです（細部は金融機関によって異なるため、

大枠のイメージとして捉えてください)。

図2-2-1│金融機関内の融資承認プロセス

```
案件受理(担当者による審査取り上げ)
            ↓  ※ここでNGとなるケースも多い!
情報の収集・整理、決裁組み立て
            ↓
支店内決裁申請
            ↓
支店長承認
    ↓           ↓
融資実行      本店決裁申請
                ↓
              本店審査
            ↓       ↓
         本店承認   追加資料提出・再審査
            ↓           ↓
         融資実行      本店承認
                        ↓
                      融資実行

[支店決裁案件]   [本店決裁案件]
```

　まず、融資相談をした案件すべてが、その金融機関で正式に審査をしてもらえるわけではありません。相談を受けた担当者が、最初に投資家本人の属性や財務状況・当該案件の内容や収益性等をおおまかに確認し、支店としてその案件を取り上げるかどうか(審査するか)を判断します。
　実際には、大半の相談案件は担当者を通過できずに終わってしまうようで、複数の金融機関担当者から、「不動産投資家のなかには、明らかに準備不足、意識の低い方が少なくない」といった厳しい声を聞くこともあります(この点に関しては、第2部で詳しく対策をご説明します)。

　審査に進むことになった後は、担当者との間で、追加資料の提出や融

資条件の目安のすり合わせ、保証会社・保証協会を利用する場合はその事前審査を経て(このタイミングで上席の融資課長や支店長との面談が設定されることもあります)、正式審査に入るかの最終確認が行われます。

そして、これらをクリアすると、いよいよ担当者が決裁書(稟議書)を起案し、支店内で正式に審査が行われ、「支店決裁」案件では、支店長がこれに承認すれば審査完了という流れです。

「支店決裁」案件では、担当者・融資課長・支店長といった、支店内の限られたメンバーで審査が完結するため、融資承認までのスピードが早く、相談時の温度感で結果の見通しも立てやすい特徴があります。

また、支店は金融機関の「営業現場」です。ノルマを抱えていますので、審査でプラスになりそうなものがないかを聞いてくれたり、競合のある案件では審査を急いでくれたりと、「なるべく融資を通そう」という姿勢で対応してくれることもあり、その意味でも比較的ハードルが低くなりやすいといえます。

本店決裁は、審査基準が厳しく、時間がかかる

その一方、「本店決裁」案件では、支店長の承認後に改めて本店決裁を申請し、そこから本店の専門部署(審査部等)による審査が始まるため、単純計算でも2倍の時間を要します(担当役員以上の決裁案件では、審査部の後にさらに承認プロセスが追加されるため、それ以上の時間がかかります)。

また、多くの場合、本店の審査は支店のそれよりも厳しく、融通が利きません。

組織の立場上、慎重を期すこと自体は仕方ないにせよ、原則として投

資家は本店審査部とは直接やり取りできず、急ぎの案件でも支店経由で何度も追加情報やエビデンスを求められることがあり、このタイムロスが競合のある案件では致命的になったりもします（直接話せれば、一発で終わるのに！）。

そして、何度も支店経由でやり取りをした結果、支店で承認された案件であっても、バッサリ「否決（見送り）」となることも全く珍しくないのです。

この辺りの事情には、どうやら支店長と審査部との人間関係（先輩・後輩、元上司・部下の力関係等）や駆け引き（前回は折れた・譲った等）による部分もあるとか、ないとかいう話を至るところで聞きますが、部外者の我々に真相を確かめる術はありません。

いずれにせよ、「本店決裁」案件では、審査期間は長く、審査基準は厳しくなり、事前の結果予測も立てにくい特徴がある、と理解しておけばよいでしょう。

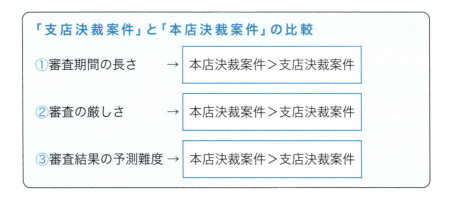

決裁権限者から逆算して、融資の相談先を絞り込む

では、こうした決裁権限による事情は、金融機関の選定にどう影響するのでしょうか？

一例として、競合相手があり、1日でも早い融資内諾が必要な案件であれば、支店決裁となる可能性の高い金融機関（支店）に優先して相談することが考えられます。

　決裁権限は金融機関の内部事情につき、正確な情報を事前に知ることは難しいものの、一般的には、

- 規模の大きい「形態」の金融機関ほど、支店決裁の上限が大きい
- 規模の大きい支店ほど、支店決裁の上限が大きい

といった傾向にあります。

　たとえば、その地域には信金・信組の小規模店しかないようであれば、敢えて支店決裁を狙えそうな地銀にアプローチする、あるいは敢えて少し離れたターミナル駅にある信金・信組の旗艦店に相談してみる、といった工夫の余地はあるかもしれません。

　もしくは、すでにどこかの金融機関と取引がある場合、「次からは本店決裁になりそうです」「〇〇万円以下だと通しやすいです」など、担当者からヒントをもらえることがあります（中には、ズバリの金額を教えてくれるケースも……）。

　こうしたヒントは、金融機関選定の貴重な参考情報となりますから、しっかりメモしておくようにしましょう。

　逆に、特定の金融機関と深く取引をしようとする場合、敢えて早い段階から"本店公認"の関係を築く戦略もあるでしょう。

　絶対の正解はありませんので、ご自身の描くロードマップと、案件ごとの緊急性によって判断していけばよいかと思います。

「金融機関の融資姿勢」には波がある

　続いては、「③金融機関の融資姿勢」です。

前提として、金融機関の不動産投資への融資姿勢（積極性）には、それなりに波があります。

たとえば、先ほど審査基準が厳しいとご紹介した都銀についても、数年前には三井住友銀行・りそな銀行は不動産投資への融資に非常に積極的な時期がありました（著者の周囲でも、投資初心者の方を含め融資を受けられた方が多かったものです）。

さらに、同じ時期・同じ金融機関内でも、支店単位で不動産投資への融資姿勢には結構な温度差があります。たとえば融資に積極的な支店長・担当者が赴任してきたタイミングや、決算期でノルマ達成への追い込み中の時期等には、通常であれば難しい案件に対しても融資が出たという話は溢れています。

とはいえ、こうしたタイムリーな情報は、書籍やセミナー等ではなかなか入手できません。

すでに取引のある金融機関には日ごろから様子を窺いつつ、投資家同士のコミュニティに参加したり、融資に強い不動産業者と定期的に情報交換の場を持ったりするなど、常に情報収集のアンテナを張っておくことで、思わぬ融資を受けられるチャンスはあるかもしれません。

但し、こうした一時的な"ラッキーチャンス"に乗って融資を受けられたとしても、その金融機関との関係が長期的に良好を保てるとは限りません。

先ほど例示した三井住友銀行に関しても、当時バンバン融資を受けていた方が、現在では新規融資を一切断られ、既存取引でも金利見直しのタイミングで優遇幅を大幅縮小された話をよく耳にします。

根本的な融資対策が重要であることは言うまでもありませんが、融資姿勢の変化を考えるなら、特定の金融機関への取引集中は危険と認識すべき、と考える次第です。

初めての融資相談は、知り合いに紹介してもらおう

　最後は、「④金融機関の紹介ルート」です。

　これはシンプルに、初めての融資相談では、自分で直接問い合わせよるよりも、誰かの紹介ルートを活用するほうが明らかに有利です。

　金融機関の担当者も人間ですから、全く素性の知れない方から相談を受けるのと、第三者のお墨付きがある状態で相談を受けるのとでは、対応に違いが出るのは当然でしょう。

　一番有り難いのは、すでにその金融機関と取引している投資家や経営者からの紹介ですが、そうした伝手がなければ、その収益物件を扱う不動産業者に金融機関の紹介をお願いしてみましょう。

　たいていの不動産業者は日常的にさまざまな金融機関に出入りしているはずです。融資に積極的な支店・担当者を知っていることが多く、その他条件が同一であれば、融資相談の入口のハードルは一段下がるはずです。

　以上で、金融機関の選定時に知っておくべき「4つの知識」の説明を終わります。

　融資相談する金融機関選定に悩んだら、是非参考にしていただけたらと思います。

2-3 金融機関の審査基準
金融機関があなたに求めていること

KEYPOINT
- 「量」と「質」が足りないと、門前払いされる可能性が高い
- 金融機関は「融資の5原則」をベースに融資を審査している
- 財務状況だけでなく、投資家自身の考え方・知識量も審査に含まれる

融資相談のポイントは、情報開示の"量"と"質"にあり!

　金融機関選定のあとは、いよいよ融資を受ける、あるいは融資で好条件を引き出すための知識・テクニックに話を移します。

　せっかく決算書の中身を磨き、収益性の見込める案件を選定できたとしても、金融機関に正しくこれらを「情報開示」できなければ、審査に通るどころか、担当者に取り上げてもらうことさえ覚束ないでしょう。

　先ほど、金融機関の担当者から「不動産投資家のなかには、明らかに準備不足・意識の低い方が少なくない」という厳しい声が聞こえてくる話をしましたが、著者なりにこの発言を解釈すると、

- 情報開示の"量"の問題
  審査に必要な情報開示ができていない(足りていない)
- 情報開示の"質"の問題
  情報開示するポイントがズレている

といったことが、融資の相談現場で少なからず発生しているのだろうと分析する次第です。

もちろん、金融機関の具体的な審査基準がブラックボックスである以上、必要な情報を完璧に準備することは不可能ですが、おおよそどんなポイントを見られているかが分かれば、そこから情報開示の"量"と"質"を高める工夫はできるはずです。

具体的な方法は、著者オリジナルの「情報開示シート」を使って第2部で詳しくご説明しますが、ここではその前提となる知識・考え方についてご説明していきます。

金融機関の「融資の5原則」を知る

金融機関の融資の大前提として、「融資の5原則」と呼ばれる指針があります。

すべての金融機関に共通する、新規融資取引・既存融資先管理の根幹を成す基本原則で、「図2-3-1」のとおり、「公共性の原則」「安全性の原則」「収益性の原則」「流動性の原則」「成長性の原則」の5つで構成されています。

図2-3-1 | 融資の5原則

①公共性の原則	犯収法／違法建築・違反建築
②安全性の原則	資金使途／返済財源／保全（担保） 債務者区分／信用格付け
③収益性の原則	金利
④流動性の原則	借入期間
⑤成長性の原則	若者・女性支援

特別な理由もなく、この5原則に反する案件を相談しても、なかなか審査には通らないでしょうし、場合によっては門前払いのような扱いを受けてしまうかもしれません。

　逆に、融資相談の初期段階に、この5原則をクリアしていることを明確に示せれば、金融機関に前向きに検討したいと思わせるきっかけにできるはずです（第2部でご説明する「情報開示シート」は、この融資の5原則を意識した書式としています）。

　融資相談では必ず押さえておきたい原則につき、順番にご説明していきます。

融資の5原則①公共性の原則

　公共性の原則とは、「融資は社会の発展に貢献するものであり、公共性に反する融資は行ってはならない」という原則です。

　非営利である信金・信組や政府系金融機関は元より、営利企業である都市銀行・地方銀行等でもこの原則は特に重要視する傾向があり、これに反した案件は"門前払い"となる可能性が非常に高くなります。

　やむを得ず、この原則に反する案件を相談する場合には、金融機関に"特例"の措置を考えてもらうだけの、合理的な理由を添えたほうがよいでしょう。

　実務でのチェック点としては、

・融資を受ける投資家本人（または投資家の経営する法人）
・融資の対象となる案件（収益物件）

の両面から、「公共性」に反する事実がないかを確認されます。

　まず、「投資家本人（または法人）」に関しては、犯罪収益移転防止法（以下、「犯収法」）に基づく、本人確認・取引時確認および外国PEPs確

認が該当します。

> **犯罪収益移転防止法（犯収法）とは**
> 犯罪組織によるテロ資金供与やマネーロンダリングを防止することを目的に制定された法律。金融機関などに厳格な本人確認・取引時確認を義務付けている。
>
> **本人確認・取引時確認とは**
> ・融資申込者が個人の場合
> 　⇒「氏名」「住所」「生年月日」「職業」「取引目的」
> ・融資申込者が法人の場合
> 　⇒「名称」「本店または主たる事務所の所在地」
> 「来店者の氏名・住居・生年月日」「取引目的」「事業内容」
> 「実質的支配者の有無（有の場合は氏名・住居・生年月日）」
>
> **外国PEPs(Politically Exposed Persons)確認とは**
> ・融資申込者が個人の場合
> 外国政府等における重要な公人等（外国PEPs）に該当しないことの確認。
> ・融資申込者が法人の場合
> 外国政府等における重要な公人等（外国PEPs）が実質的支配者にいないことの確認。

　もっとも、著者の知る限り、これらを初期段階から入念にチェックされたことはなく、実務では所定の本人確認書類（運転免許証や登記簿謄本等）の提示・提出および金融機関の用意した所定書式への記入・記名捺印で事足ります。
　そのため、この部分を強調する意味合いは薄く、「情報開示資料」に

「該当しない」旨を一筆入れておく程度で必要十分でしょう。

もう1つは、「融資の対象となる案件（収益物件）」に対するチェックです。

不動産投資で多い事例としては、「違法建築物」「既存不適格物件」等が該当しますが、これら建築物は違法または違反状態にあり公共性に反するとして、一部のノンバンクを除き、多くの金融機関が融資は一律不可、あるいは相当に消極的な姿勢を取っています。

> **違法建築物**
> ・建蔽率・容積率、傾斜制限など、建築基準法やその他法令に違反して建築された物件のこと。
> ・建築当時から違法だったケースと、違法な増改築により違法建築物となったケースがある。
>
> **既存不適格物件**
> ・建築当時は適法だったものの、その後の法令改正等によって、現在の建築基準法に違反状態となった物件。
> ・既存不適格物件自体は違法ではないが、建て替え時には同じ建物を新築できない。

違法建築物と既存不適格物件を一律に論じるのは違和感があるかもしれませんが、融資の実務では両者の違いを汲み取ってくれるケースばかりではありません。

そもそも、これら収益物件の売買相場が割安な理由には融資が付きにくいことが背景にあるわけで、融資相談の難航は当然なのです。

もし融資相談をするなら、こうした案件の取り扱い実績のあるノンバンク等を狙うことが現実的かもしれません（金利等の融資条件は割高に

なる可能性が高そうですが……)。

融資の5原則②安全性の原則

　安全性の原則とは、「融資したお金は確実に回収しなければならない」という原則で、融資審査で最も重視されるポイントです。
　一般に、「審査の3原則」と呼ばれる、「資金使途」「返済財源」「保全（担保）」の3つの観点が特に重要とされているため、順番にご説明していきます。

> **審査の3原則**
> ・資金使途　　：融資した資金を、何に使うのか
> ・返済財源　　：融資した資金を、どこから返済するのか
> ・保全（担保）：融資した資金が返済不能となった場合に、
> 　　　　　　　　どこから補填するのか

　資金使途とは、「融資した資金を、何に使うのか」という観点で、資金使途に見合った合理的な融資金額・融資期間だからこそ、安全に融資したお金の回収が図れるという考え方です。
　不動産投資の場合、大抵は「収益物件の購入」あるいは「大規模修繕」「建て替え・増改築」といった分かりやすい設備資金が資金使途となるため、この観点は比較的説明しやすいことでしょう。
　なお、小売業等と異なり、大きな仕入れや人件費の発生しない不動産投資（不動産賃貸事業）では、原則として運転資金への融資は好まれませんので、何らかの理由で運転資金の融資を相談したい場合には、十分に合理的な理由を用意しておきましょう。
　また、設備資金であっても、原則として、すでに引き渡しや支払いを終えた案件を理由とする融資は受けられません。

例外的に、後から融資を受けるバックファイナンスという手法もありますが、著者の知る限り、公庫や一部ノンバンクを除き、大抵の金融機関ではまず取り上げてもらえないようです。

　次に、返済財源とは、「融資した資金を、どこから返済するのか」という観点で、一般には、「返済財源＝税引き後利益＋減価償却費」で表されます。
　上記は損益計算書の数字を使用した計算式で、正確にいえば損益計算書の利益と実際に増えるお金（貸借対照表の現金預金）は一致しませんが、おおよその目安として用いられているのが実態のようです。
　不動産投資の実務では、次の計算式で考えると、おおよその返済原資の過不足が分かりやすいでしょう。

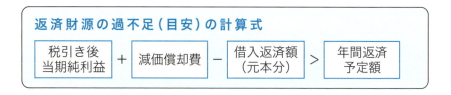

　特別な理由がある場合（一過性の支出の多い創業初年度等）を除き、まずはこの計算上の返済財源が足りていることを確認してください。
　また、計算上の返済財源が足りていることに加え（もしくは代えて）、アパートローンでは個人与信による補完の考え方があります。
　第1章で、アパートローンの審査では「投資家本人の年収・保有資産・属性等を重視」するとご説明しましたが、返済財源がギリギリ（もしくは足りない）の場合、本業である会社員・公務員等からの給与収入や株式等の保有資産も、重要な返済財源として"アテ"にしています。それが故に審査を緩くできていると考えると分かりやすいでしょう。
　他方、プロパーローンでは、投資家本人の個人与信は一つの補完材料ではありますが、それよりも財務状況や決算書の数字をしっかり確認し、

不動産投資（不動産賃貸事業）で高い確度で返済財源が見通せるかに、審査のウェイトが置かれます。

最後の保全（担保）とは、「融資した資金が返済不能となった場合に、どこから補填するのか」という観点で、大きく「人的担保」「物的担保」の2つから成り立っています。

人的担保とは、主に保証人（連帯保証人）による資金回収を意図しており、実務では、融資先が個人の場合にはその配偶者や親族などが、法人の場合は経営者個人が保証人となることが一般的です。

但し、法人で融資を受ける場合、金融機関が必要以上に「経営者保証」を求めることについて、近年見直しの動きが活発化しています。

経営者保証とは

・中小企業が金融機関から融資を受ける際、経営者個人が企業の連帯保証人となること
・企業が倒産して融資の返済ができなくなった場合は、経営者個人が企業に代わって返済することを求められる（保証債務の履行を求められる）
・経営への規律付けや資金調達の円滑化に寄与する面がある一方、経営者による思い切った事業展開や早期の事業再生、円滑な事業承継を妨げる要因となっているとの指摘もある

法人向け融資における経営者保証の動向は、今後一つの注目ネタとなるでしょう。

また、信用保証協会や保証会社の利用も、実質的には人的担保の一つと考えてよいでしょう。

信用保証協会にはあまり馴染みがないかもしれませんが、信用保証協会法に基づき、中小企業や小規模事業者の円滑な資金調達を支援するこ

とを目的に設立された公的機関です。

　プロパーローンの融資相談時、金融機関から「信用保証協会付きでよければ融資可能です」「保証協会を選択肢に入れて検討してよいですか？」と言われることがあります。

「図2-3-2」のように、信用保証協会が事業者（投資家）の債務を保証することで、金融機関はその全部または一部の貸し倒れリスクを回避できるため、各段に審査が通りやすくなります（但し、利用限度額の範囲に限ります）。

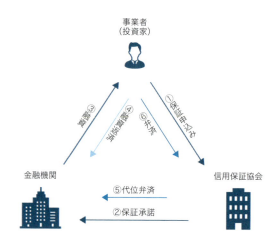

図2-3-2｜信用保証協会による保証の仕組み

　但し、投資家としては一長一短で、信用保証協会の審査の分、審査期間が長期化するうえ、信用保証協会への保証料を追加で支払わねばならないといったデメリットもあります。

　金融機関が保証料負担分の一部を金利で調整してくれるケースも多いのですが、それでも実質的な負担総額は高くなることが多いため、利用の是非は慎重に判断しましょう。

　もう1つの物的担保とは、不動産投資では融資対象となる不動産それ

自体に抵当権を設定し、保全を厚くすることが一般的です（融資対象の不動産の担保価値が足りない場合、すでに所有している他の不動産等の担保提供を求められることもあります）。

ここで問題となるのは、抵当権を設定する不動産の担保価値です。

一般に、金融機関では「(a) 積算評価」「(b) 収益還元評価」「(c) 売買相場（時価）」の組み合わせによって、その担保価値を計算しているとされています。

(a) 積算評価

積算評価とは、「土地」と「建物」の価値を次の計算式で評価・合算する評価方法で、担保評価のベースとして重視する金融機関が多いとされています。

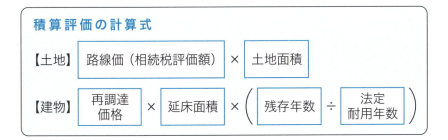

しかし、計算式の都合上、実際の売買相場（時価）や賃貸需要とは無関係に、「土地が広くて、建物が大きく新しい」ほど、積算評価は伸びやすいこととなります。

また、地方の路線価は売買相場（時価）と比べて高いことが多く、都心部よりも地方のほうが、積算評価が伸びてしまうという不都合も指摘されています。

担保価値の尺度として不完全であることは衆目の一致するところで、後述する他の評価方法と組み合わせて使用せざるを得ない、というところでしょう。

(b) 収益還元評価

積算評価の不完全な部分をカバーするため、収益還元評価も併用されます。

収益還元評価とは、融資対象の収益物件が生み出すと期待される収益額を担保価値とする評価方法です。

具体的な計算方法は金融機関によって大きく異なりますが、

・収入（家賃）に経年低下のストレスを掛ける
・支出（販管費等の各種経費）に経年増加のストレスを掛ける
・支出（金利）に経年上昇のストレスを掛ける

といった計算式によって、おおよそ想定されるリスクシナリオにおいても資金ショートしない範囲、担保割れしない範囲を評価額として算出します。

なお、2024年7月に日本銀行がゼロ金利政策を解除したことで、今後は金利上昇リスクが増加し、金利に乗じる経年上昇のストレスも、今後拡大していく可能性が高そうです。

(c) 売買相場（時価）

担保価値をより実態に近く測る場合、売買相場（時価）による評価が併用されることもあります。

具体的な評価方法は金融機関や案件によってかなり温度差があるようで、外部や専門部署に不動産鑑定評価を依頼することもあれば、支店の担当者が類似の販売情報を確認するに留める場合もあります。

金融機関にとって、この「保全（担保）」が、最悪でも物件を差し押さえて現金化することで資金回収できる最後の砦です。

そのため、ここで計算された評価額にさらに一定の掛け目を乗じた金額が、融資の上限額となる場合が多いとされています。

以上が「審査の3原則」の概要ですが、こうした観点による評価を経て、「図2-3-3」のように、金融機関は融資先ごとに「債務者区分」「信用格付け」「債権区分」を割り振り、審査に活用しています（図はイメージです。細部は金融機関によって異なります）。

図2-3-3｜債務者区分・信用格付けのイメージ図

債務者区分	信用格付け	債権区分
正常先	A1～A3	正常債権
	B1～B2	
	C1～C3	
	D1～D3	
要注意先	E1、E2	正常債権 （一部、要注意債権）
破綻懸念先	F1	危険債権
実質破綻先	G1	破産更生債権及び これらに準ずる債権
破綻先	H1	

　一般論として、「破綻懸念先」以下の区分では新規融資は厳しいとされていますが、安全性の原則への対策とは、突き詰めれば「債務者区分」「信用格付け」の維持・向上にあるといえましょう。
　なお、この区分・格付けの定義について、ホームページで詳細を公開している金融機関もありますので、関心のある方は「●●銀行　債務者区分」「△△ホールディングス　リスク管理（信用管理）」等で検索してみてください。

融資の5原則③～⑤
収益性の原則・流動性の原則・成長性の原則

　次に、収益性の原則とは、「融資によって金融機関が適正な収益を上

げなくてはならない」とする原則です。

　金融機関からすれば、融資には常に貸し倒れリスクが伴うため、そのリスクが高い相手や、リスク評価の難しい相手に対しては、金利等の融資条件でリスク見合い分を調整するのは仕方がない面があります。

　また、先ほど「図2-1-2」でご説明したように、金融機関の「形態」ごとにおおよその金利の目安は決まっていて、例えば、特別な事情もなく、初回取引の信金に、都銀並みの金利水準を求めるのは、無理筋というものです。

　金利は案件収益に直結するため、投資家としては少しでも良い条件を期待したくなりますし、条件交渉自体は全く構いませんが、提示された金利は「今の自分の評価」であることは冷静に受け止めるべきでしょう（取引を重ね、「債務者区分」「信用格付け」を上げていくことで、自ずと融資条件は良化していくはずです）。

　流動性の原則とは、「融資期間は預金期間に見合うべき」とする原則です。

　金融機関が融資する原資は主として預金ですが、その大半はいつでも払い出しに応じなければならない普通預金や1年など短期の定期預金であるため、その相対である融資期間も長期間は望ましくないと考えられています。

　不動産投資の実務では、

（投資家）　　「融資期間は20年以上でお願いしたい」
（金融機関）　「いや、15年なら何とか…」

　といったやり取りが頻繁に発生します。

「融資期間が長ければ、金利も多く発生するのになぜ？」と不思議に思

うかもしれませんが、金融機関は、収益性の原則だけでなく、流動性の原則も意識しているということです（建物・設備の耐用年数など、別の部分で融資期間が伸びないケースもあります）。

最後の成長性の原則とは、「その融資が、融資先および金融機関の成長・発展に役立つものでなければならない」とする原則です。
新規事業への先行投資的な融資などでは、この原則による評価ウェイトが大きくなるようですが、公庫の「女性、若者向け」などの優遇制度を除き、不動産投資の実務でこれを積極的に活用できるケースはあまりないかもしれません。
但し、「収益性の原則」「流動性の原則」「成長性の原則」に共通して、融資を受ける投資家本人の利益追求だけでなく、金融機関の利益や立場に関しても、十分な配慮と理解を示す姿勢が大事であることは、是非忘れないようにしたいものです。

定性評価では何をチェックするのか？

これまで、財務状況や決算書の数字等、定量的な部分にフォーカスしてご説明してきましたが、実際には「数字以外」の定性面も審査に影響します。

以前、著者がある金融機関に質問したところ、担当者は「8：2」で定量面を重視して見る、支店長は「5：5」でバランス良く見る、本店審査部は「10：0」で定量面しか見ないと、笑いながら教えてくれました。
多分に冗談（と皮肉？）を込めた発言だったのでしょうが、いずれにせよ定性評価も一定程度は審査に影響していることは間違いありません。
一般に確認されやすい定性面のポイントは、次のようなものです。

・不動産投資を始めたきっかけ、理由
　（親族・知人に業界関係者がいるのかなど）
・その金融機関に融資相談した理由、他の金融機関との取引実績の有無
・税務会計や法務面に関する理解度、専門資格や専門スキルの有無
・事業の財務内容や決算書の数字を"自分の言葉"で説明できるか
・事業の強みや将来性をどう考えているか

　余談ですが、著者個人のニッチな事例でいえば、

・東京から札幌移住した理由を詳しく聞きたい
　（札幌に親族がいるのか？）
・1級FP技能士や書籍の出版実績は、審査でプラスになりそうだ

　と言われたことは、枚挙にいとまがありません（特に前者の質問では、東京へすぐに戻ることを警戒された節が強かったようです）。
　金融機関としても大金を融資するわけですから、やはり投資家本人の"人となり"や、数字に現れない"考え方"を直接聞いておきたいと思うのが人情でしょう。
　特に、本書の読者の方であれば、事業拡大や融資攻略に並々ならぬ思いを持たれているはずです。その熱意を、しっかり金融機関にアピールしておきましょう。

　第2章では、実際の融資相談を想定して、より具体的な知識・テクニック、そして立ち回り方などを解説してきました。
　こうした観点を意識しながら、融資相談の準備をしたり、当日の発言内容を考えたりすれば、ずいぶんと違う景色が見えてくるのではないでしょうか。

第2部では、こうした前提知識を得たうえで、具体的にどのような「情報開示」が考えられるかについて、モデルケースを使いながら詳しくご説明します。ぜひ第2章の内容をしっかり押さえておいてください。

第2章 まとめ

▦ 融資条件が良い、審査期間は短い、審査基準も緩い金融機関は存在しない

- 金融機関には大きく5つの形態がある
- 融資条件の良い銀行は、審査が厳しく、時間もかかる傾向がある
- 審査の緩い銀行は金利が高くなる傾向がある

▦ 金融機関では「支店長→担当役員→社長（頭取）」など決裁者が複数存在する

- 「支店決裁」か「本店決裁」かで、審査期間と難易度が変わる
- 融資相談先は、決裁権限に要する期間・可能性から逆算して絞り込む
- 金融機関の融資基準は、内部の方針や人間関係にも左右される

▦ 金融機関の審査基準は完全に非公開ではない

- 情報の「量」と「質」が足りないと、門前払いされる可能性が高い
- 金融機関は「融資の5原則」をベースに融資を審査している
- 財務状況だけでなく、投資家自身の考え方・知識量も審査される

第 2 部

不動産投資の「情報開示シート」の利活用

第3章

「情報開示シート」で金融機関の不安を解消する

　不動産投資の融資相談では、投資家目線での説明に終始してはいけません。
　金融機関の仕組みや内情から逆算した、金融機関が評価しやすい"数字"や"シナリオ"を、限られた時間で端的に説明し、いかに担当者のやる気を引き出せるかが、投資家の腕の見せ所です。
　本章では、自己分析とプレゼンツールを兼ねた「情報開示シート」の活用事例を通じて、融資相談のコツや注意点について、具体的に分かりやすくご説明します。

3-1 情報開示シートの目的・構成
最低限の説明内容を網羅することで、金融機関の信頼を得る

KEYPOINT

- 「担当者の段階」で投資家本人の事情や案件から、融資落ちするケースが少なくない
- 「情報開示シート」を使うことで、金融機関に何をどう伝えればよいかが明確になる
- 「情報開示シート」を使えば、自身の財務状況を客観的に理解し、説明・改善できる

融資審査の最初の関門は「担当者の判断」

　第2部では、金融機関へ融資相談する際に活用する「情報開示シート」の作り方・活用の仕方をご説明します。

　第1部「図2-2-1」でもご説明のとおり、金融機関の融資審査で最初の関門となるのは、担当者による"審査取り上げ"の判断です。

　前提として、融資相談した案件の全てが、その金融機関で正式に審査をしてもらえるわけではありません。

　最初に相談を受けた担当者が、投資家本人の事情や案件の内容をおおまかに確認し、支店としてその案件を取り上げるかどうか（審査する価値があるか）を判断するプロセスが入るのです。

　いわば審査の前捌きのような手続きですが、実際にはここでいきなり躓いてしまうケースは決して少なくないようで、複数の金融機関担当者から「不動産投資に関する大半の相談は、審査前にお断りしている」と

【再掲】図2-2-1｜金融機関内の融資承認プロセス

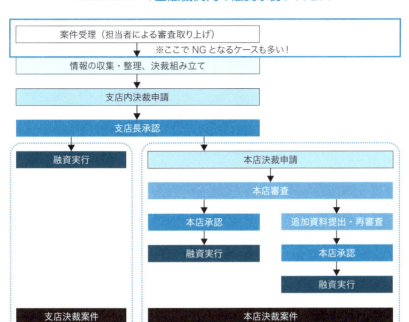

いった話を聞いたり、著者への相談事例でも「どの金融機関に相談しても具体的な話に進めない」といったお悩みの声を多くいただいたりします。

　もちろん、ご自身の財務内容が債務超過状態にあったり、明らかに融資の5原則に反する案件であったりすれば仕方ありませんが、よくよく話を聞けば、投資家側の"準備不足"が原因とみられるケース、たとえば、

・自分（自社）の事業内容や財務状況、あるいは直近および今後の決算見通しを、うまく"自分の言葉"で説明できない
（税理士に丸投げ状態で理解できていない）

- その案件内容を伝えるに必要な資料や情報が揃っていない
（必要な情報が分からない）

- なぜ、その案件に取り組もうと思ったのかを、しっかり説明できない
（購入時の資金計画や購入後のシミュレーション、出口戦略が曖昧）

といった事情が垣間見えることも多く、非常にもったいないと思うわけです。

とはいえ、いざ金融機関に融資相談に行く段になって、こうした準備をイチから始めたのでは、時間的制約を含めて難しい事情があるのも確かで、ここで「情報開示シート」の出番となります。

「情報開示シート」を使えば、金融機関に適時適切な説明ができる

著者自身も融資対策の一つとして活用していますが、事前に「情報開示シート」を作成し、これを定期的に更新する習慣を付けることで、単に金融機関への"プレゼンツール"としての効用だけでなく、投資家自身がその財務内容や事業内容の理解を深め、改善の気付きを得るきっかけとなります。

これを何年か繰り返すうちに、自ずと、いまの財務状況や今後の見通しを"自分の言葉"で語れるようになるはずですし、第1部でご説明した知識、さらには第3部で後ほどご説明する決算書作成の実務と組み合わせることで、金融機関に何を・どのように説明するのが効果的であるのか、どんどんアイデアが湧いてくることでしょう（理解の深まりに応じて、「情報開示シート」の書式もどんどん最適化されていくはずです）。

これからご説明する「情報開示シート」は、その第一歩となる"雛形"です。

著者自身がこれまでに受けた、頻度の高い質問事項や重点的に確認された項目等を洗い出し、10余年かけて加筆・修正してきた書式をベースとしながら、本書特典用に汎用性を持たせる工夫を随所に施しましたので、そのまま活用いただく場合でも相応の実用性は確保できているはずです。

　しかし、融資対策では、どうしても個々の事情や考え方による部分が大きいため、著者の本音としては、大なり・小なりのカスタマイズを強く推奨します（前述したように、きっとカスタマイズしたくなるはずです）。

　記入例だけでなく、各項目の記載目的や背景についても丁寧にご説明していますので、是非とも読者の皆さんそれぞれに合った書式への"最適化"を念頭に、読み進めていただけたらと思います。

情報開示シートの構成と活用メリット

　本書の「情報開示シート」は、次の2ファイル構成としています。

情報開示シートの構成

①自己紹介ファイル

　属性、財務状況・決算書のサマリ等により、自分（自社）を紹介する資料

②案件説明ファイル

　融資相談したい案件の具体的な内容を整理した資料

　敢えてファイルを分けたのは、そのほうが実務で使いやすいからです。

不動産投資では、初回の融資相談時以外にも、金融機関との接点は多々発生します。
　たとえば、担当者に人事異動があった際（一般に、金融機関では2〜3年程度のサイクルでの人事異動が多い）には、後任の方が自宅や事務所に挨拶に来られたり、支店へ挨拶に伺ったりすることがあります。
　そうした際、名刺交換に加えて「①自己紹介ファイル」で僅かな時間でも説明できれば印象は違うでしょうし、後でファイルを読み返してもらえるかもしれません。

　あるいは、最新の決算書を提出する際（場合によっては期中に試算表を求められることもあります）、決算書や試算表に加えて「①自己紹介ファイル」を添付することで、当期のトピックスやアピールポイントに、より注目してもらえるかもしれません。

図3-1-1 | **2つのファイルの活用イメージ**

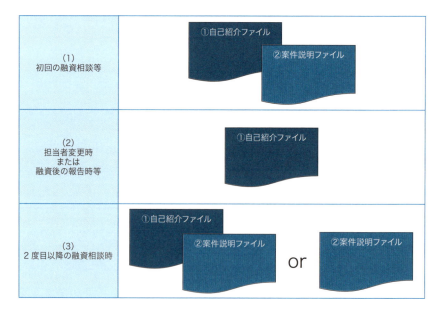

逆に、前回の融資相談が案件の個別事情で流れた場合（投資家自身には問題がなかった場合）や、前回の融資実行から間もないタイミングで追加融資を相談する場合等には、決算書や試算表の再提出は不要で案件情報だけを求められることもあり、そうしたシーンでは「②案件説明ファイル」単独での活用機会もあります。

　こうした実務を想定すると、「①自己紹介ファイル」「②案件説明ファイル」は別々に備え、前者は定期的に情報更新、後者は案件発生都度に更新として管理すると、便利で使いやすいと考える次第です。

3-2 情報開示シート「①自己紹介ファイル」
会社概要・財務状況の開示で、審査対象だと判断してもらう

KEYPOINT

- 近年、個人事業主への新規貸出は引き締めの傾向にあり、法人化する投資家が増えている
- 「会社・代表者」の自己紹介を行うことで、融資審査対象だと印象付ける
- 「財務情報」を開示することで、「融資審査をするに値する」と判断してもらう材料にする

情報開示シートは、法人を前提とした説明資料

　ここからは、「情報開示シート」のうち、「①自己紹介ファイル」の具体的な書式例およびその作り方のご説明に移ります。

　なお、これ以降のご説明では、次の前提を置かせていただきます。

> **説明の前提**
> ・融資相談者は、不動産投資家本人が代表を勤める法人（合同会社）
> ・当該法人では資産保有方式にて収益物件を保有。今回も同方式での追加購入を検討中

　読者の方の中には、投資家本人が「個人事業主）として購入する前提で融資相談するケースもあるかと思いますが、

①ある程度前提を置いた具体例でご説明としないと、イメージが伝わり

にくいこと
②著者への相談事例では、一定規模以上の投資家の大半が、法人化を実施・または検討していること（近年、実績のない個人事業主への融資は引き締めの傾向にあり、法人化を実施する投資家は今後さらに増えると見込まれること）
③法人のほうが個人事業主よりも説明事項が多く、法人から個人事業主へのカスタマイズは、その逆パターンと比べて容易であること

を踏まえて、ここでは「法人」を例にご説明していきたいと思います。
　また、第2部の各表中にある青字の入力例は、入力後のイメージを持っていただくためのダミー値であり、特別な意味はありません（一応、各数字におおよその整合性は持たせていますが、実際の決算書類と同等の正確性を担保するものではありませんので、ご了承ください）。

「(1) 会社概要」の記載内容と作成メリット

　まずは、次ページ「図3-2-1」のとおり、「(1) 会社概要」を作ります。
　ここでの記載事項は、「会社の概要」「代表者（多くの場合は投資家本人）の略歴」の紹介につき、記入内容に迷う部分はあまりないでしょう。
　上段の「法人名」～「資本金」までは、原則として定款からの転記で問題ありませんが、「目的」が不動産賃貸・管理業以外の場合（物販業を目的とする法人や広告業を目的とする法人等）や、「設立」は浅いものの個人事業からの法人成りで既に十分な実績が個人にある場合等には、最下段「補足事項」欄に事情を追記しておくと良いでしょう。
　中段の「主な取引先」～「沿革」には、既に取引のある不動産業者・不動産管理会社・税理士等、および金融機関等を記載します。
　法人自体は無名でも、例えば大手企業やその金融機関と長く付き合いのある地場企業等との取引実績は一定の安心材料となる可能性がありま

図3-2-1 |「(1) 会社概要」の書式例（記入例はダミーです）

(1) 会社概要

法人名	合同会社中川カンパニー
目的	不動産賃貸・管理
本店所在地	北海道札幌市中央区不動産1-1-1
設立	2015 年 1 月 1 日（設立 10 年目）
代表者	中川 理人
資本金	8,000,000 円
主な取引先 (五十音順)	●●不動産、△△管理サービス、××税理士事務所
取引金融機関 (順不同)	A銀行、B信金
沿革	・2015年1月　設立 ・2020年1月　本店移転（東京都新宿区→北海道札幌市）

〈代表者情報〉

氏名	中川 理人
生年月日	1981 年 1 月 1 日（満 43 歳）
住所	北海道札幌市中央区不動産2-2-2
略歴	2004年　●●大学××学部卒 2004年　株式会社△△入社 2008年　不動産賃貸業を開始 2015年　合同会社中川カンパニー　代表社員に就任 2020年　株式会社△△退職 【保有資格】1級FP技能士、宅地建物取引士、管理業務主任者、マンション管理士、日商簿記1級、中型自動車免許

〈補足事項〉

※当社および当社代表者は、暴力団、暴力団関係企業、総会屋若しくはこれらに準ずる者又はその構成員ではないことを確約いたします。
※当社および当社代表者は、「外国の重要な公的地位にある者(外国PEPs)」に該当しないことを確約いたします。

すし、顧問税理士の存在は決算書・申告書の内容に専門家のチェックが入った証となります。

また、特に初めての融資相談の際、金融機関は他行との既存取引を少なからず意識しますので、もし「他行と取引実績がある＝他行の審査を通過した」という事実があれば、しっかりアピールしておきましょう。

下段の「代表者情報」には、法人の代表者名（合同会社の場合は「代表社員」の氏名）を記載します。

特に投資規模の小さいうちは、法人と個人（代表者）は実質一体として審査される傾向にあるため、「氏名」「生年月日」「住所」といったプロフィールに加えて、審査にプラスになりそうな材料（専門資格・実用資格、特にアパートローンであれば高属性と分かる勤務先の肩書等）があれば、「略歴欄」に記載しておくとよいでしょう。

　また、会社員・公務員の方などの場合、本業の制約で投資家ご本人が代表者になれず、ご親族・ご家族の方を代表者とするケースを時々お見かけしますが、その場合は代表者と投資家ご本人との関係性、およびその者を代表者とした理由について、最下段「補足事項」欄に追記しておきましょう。

　最後に、欄外に「反社および外国PEPsに該当しないこと」を一言添えておきます。著者の経験上、初対面でこれを疑われたことはありませんが、書いてマイナスになることはありません。

「(2) 財務情報〜貸借対照表〜」の記載内容と作成メリット

　続いて、「(2) 財務情報」の具体的な書式例およびその作り方のご説明に移ります。

　このパートが「情報開示シート」の中でも最も重要で、主として法人の決算書内容を要約したものとなっています。

　一般に、金融機関に融資相談する際、「法人」「個人」それぞれの決算書・確定申告書の直近3期分を提出しますが、これら書類は1期分でもA4用紙で十数〜数十枚、全量では100枚を超えることもあります。

　これだけの分量では、担当者が必要な資料や数字を探すにも時間がかかりますし（時々、指に目がついているように探すのが早い担当者もいますが）、さりとて数字を見てもらわなければ具体的な話ができません。

　そこで、決算書・確定申告書の要点は「情報開示シート」にまとめて

おき、当日は資料に沿って、短時間かつピンポイントに説明できるよう、予め準備をしておこうとなるわけです。

「情報開示シート」では、法人の決算書からの要約として、「貸借対照表」「損益計算書」を要約した書式と、「概算キャッシュフロー」を示す書式の計3つを作成します。

「(2) 財務情報～貸借対照表～」で最低限気をつけるべきこと

まずは、法人の「貸借対照表」の書式例です。

貸借対照表（Balance sheet＝BS）とは財務三表の一つで、その法人の決算日時点の財務状況を示す書類のこと。

その法人の安定性や支払能力を確認できる書類とされており、後述する損益計算書と並び、金融機関が融資審査で最も重視する根拠の一つです（なかには、「貸借対照表こそが最重要！」と明言する担当者もいるほどです）。

「情報開示シート」では、「図3-2-2」のように、勘定科目を主要なものに絞り、当期実績と前期比を並べた書式としています。

貸借対照表で最も重要な数字は、「純資産」と考えてまず間違いありません。

特に、純資産がマイナスの「債務超過」にある場合、一般に金融機関からの新規融資は極めて厳しいとされており、多くの担当者が真っ先に確認してくる傾向にあります。

また、第1部でもご説明したように、不動産投資では高額な固定資産（収益物件）取得を前提とするため、構造的に「固定資産（建物）の簿価減少＞長期借入金（金融機関の借入金元本返済）の減少」の状態になりやすく、「毎年のCFは順調に出ているのに、気付いたら貸借対照表では債務超過」というケースが多々発生します。

図3-2-2｜「(2) 財務情報（法人）貸借対照表」の書式例

(2) 財務情報　〜貸借対照表〜

第9期（2023年1月1日〜2023年12月31日）						
資産				負債		
科目	金額	前期比	科目	金額	前期比	
【流動資産】			【流動負債】		
現金預金	10,000,000	3,000,000	その他（未払金等）	0	0
有価証券	0	0				
その他（前払い費用等）	500,000	0	【固定負債】		
			役員借入金	30,000,000	0
【固定資産】			長期借入金	80,248,991	▲5,960,390
建物	46,850,000	▲6,630,000				
土地	100,000,000	0				
貸付金	0	0				
その他	0	0				
【その他】						
長期前払費用	2,000,000	▲500,000				
その他（保険積立金等）	500,000	0	負債の合計	110,248,991	▲5,960,390
			純資産		
			純資産の合計	49,601,009	1,830,390
資産の合計	159,850,000	▲4,130,000	負債・純資産の合計	159,850,000	▲4,130,000

　これは、会計ルール上の償却期間（たとえば耐用年数超過の木造アパートだと4年）が、実際の建物価値の残存期間と大きく乖離するために起こる現象で、少なくとも不動産投資に限れば「債務超過＝経営が危ない」とは言い切れないと思うのですが、ここは投資家側が割り切って考えるしかありません。

「建物の簿価減少」の仕組み

「建物の簿価減少」の仕組みについて、少し補足しておきましょう。
　基本的に、毎年の簿価減少は減価償却の「償却率」によって決まり、「償却率」は法定耐用年数と取得時点の経過年数による「耐用年数」によって決まります。
　「耐用年数」は、「図3-2-3」にあるような法定耐用年数を前提に、新築

の場合はそのまま、中古の場合は簡便法による補正をかけて計算するのが一般的です。

図3-2-3 | 用途・構造別の法定耐用年数（抜粋）

構造		鉄筋コンクリート造	鉄骨（骨格材の厚みによって耐用年数が変わる）			木造
			4mm超	3mm超 4mm以下	3mm以下	
用途	事務所用	50年	38年	30年	22年	24年
	住宅	47年	34年	27年	19年	22年
	飲食店用	41年または34年	31年	25年	19年	20年

（※1）鉄骨は部材（骨格材）の厚みにより法定耐用年数が異なる
（※2）木造内装部分の面積により法定耐用年数が異なる

中古物件の耐用年数の計算式（簡便法）

・「経過年数 ＞ 法定耐用年数」の場合

$$\text{耐用年数} = \text{法定耐用年数} \times 20\%$$

・「経過年数 ＜ 法定耐用年数」の場合

$$\text{耐用年数} = (\text{法定耐用年数} - \text{経過年数}) + \text{経過年数} \times 20\%$$

※計算結果のうち、1年未満の端数は切り捨て
※計算結果が2年未満となった場合、2年とする

「耐用年数」が計算できたら、次は「図3-2-4」から該当する償却率を探します。

先ほど、償却について「耐用年数超過の木造アパートは4年」と書きましたが、これは次の計算式によるものです。

$$\underset{\text{（法定耐用年数）}}{22年} \times 20\% = 4.4年 \rightarrow 4年 \begin{pmatrix} 1年未満の端数 \\ \text{は切り捨て} \end{pmatrix}$$

図3-2-4 | 定額法の償却率

耐用年数	定額法償却率	耐用年数	定額法償却率	耐用年数	定額法償却率	耐用年数	定額法償却率	耐用年数	定額法償却率
2年	0.500	12年	0.084	22年	0.046	32年	0.032	42年	0.024
3年	0.334	13年	0.077	23年	0.044	33年	0.031	43年	0.024
4年	0.250	14年	0.072	24年	0.042	34年	0.030	44年	0.023
5年	0.200	15年	0.067	25年	0.040	35年	0.029	45年	0.023
6年	0.167	16年	0.063	26年	0.039	36年	0.028	46年	0.022
7年	0.143	17年	0.059	27年	0.038	37年	0.028	47年	0.022
8年	0.125	18年	0.056	28年	0.036	38年	0.027		
9年	0.112	19年	0.053	29年	0.035	39年	0.026		
10年	0.100	20年	0.050	30年	0.034	40年	0.025		
11年	0.091	21年	0.048	31年	0.033	41年	0.025		

　仮に、取得時の建物簿価が1,000万円とすれば、次のとおり毎年250万円ずつ簿価が減少することになります。

1,000万円×0.250（定額法償却率）＝250万円

　こうした仕組みを前提に、債務超過の回避にはどんな対策が考えられるでしょうか。
　たとえば、償却率の小さい案件――鉄筋コンクリート造や築年数の浅い収益物件等――を中心に取り組めば、毎年の簿価減少は小さくなります（実際、金融機関としてはこうした案件のほうが融資しやすいようで、それとなく誘導されることもあります）。
　しかし、そうした案件は一般にCFが出しにくく、また売買相場も高いことから、融資対策には有効でも資産規模拡大に繋がるとは限らず、慎重な検討が必要です。
　あるいは、「毎年の長期借入金（金融機関の借入金元本）の返済を増やす＝借入期間を短くする」ことで、簿価の減少ペース以上に負債を減らして純資産を守る方法も考えられますが、やはりバーターでCFを減

らす結果になるため、安易には実行できません。

他には、「一部の所有物件を売却することで簿価と時価のギャップを埋める」あるいは、シンプルに「法人に増資する」等も考えられますが、いずれも簡単ではないでしょう。

まさに"一長一短"といえますが、絶対的な正解はなく、CFと純資産の両方を見ながらバランスを取って資産規模拡大していくしかない、というのが著者の結論です。

「任意償却」は金融機関の心象を悪化させる可能性がある

なお、著者への相談事例で、債務超過への対策に「任意償却」を検討される方が、時々いらっしゃいます。

「任意償却」とは、減価償却する金額を任意にできるといった、法人だけに認められた会計ルールなのですが、このルールで敢えて建物を減価償却せずに（または減価償却のペースを落として）おくことで建物簿価の減少をコントロールし、債務超過と判定されるのを回避できないかだろうか、ということです。

しかし、この対策は"悪手"です。

金融機関は貸借対照表を見る際に"実態"に置き換えて判断するため（詳しくは後述します）、債務超過の判定には実質的に意味がありませんし（「建物」のような大きな固定資産を任意償却すれば、必ず金融機関は気付きます！）、それどころか、債務超過を誤魔化すための任意償却とみなされれば、かえってマイナス評価に繋がる懸念もあります。

「対策のつもりが、かえって傷を広げていた」とならぬよう、ご注意いただけたらと思います。

「自己資本比率」で財務の健全性を示す

　話を貸借対照表のポイントに戻します。

　ここまで純資産がマイナスになる債務超過をテーマにご説明しましたが、純資産がプラスの場合には、一般に「自己資本比率」により財務の健全性を評価します。

　自己資本比率とは、総資本における自己資本の割合のことで、返済が必要な他人資本（負債）に依存せず経営できているとの判断から、自己資本比率が高いほど、財務の健全性は高いと評価されます。

　自己資本比率は、次の計算式により求めます。

> **自己資本比率の計算式**
> 自己資本比率 ＝ 自己資本（純資産） ÷ 総資本（負債＋純資産） ×100

　一般的な自己資本比率の目安は、その事業内容や規模によって概ね20％〜40％ほどとされますが、ほぼ融資を前提とする不動産投資の特性、さらには個人と実質一体として評価されることも多い"不動産投資のための法人"の場合、どのラインを目安とすべきか、判断の難しいところです。

　著者の経験上、金融機関によって反応は"まちまち"な印象でしたので、融資相談時、担当者にその金融機関の目安を質問してみるとよいでしょう。

　その他、一般論として押さえておくべき項目としては、「現金預金」「役員貸付金・役員借入金」および「金額または前年比の変動が大きな科目」が挙げられます。

現金預金の保有割合は、財務健全性を示す

　現金預金について、当然ながら、事業の規模や特徴に応じた適正な現金の確保は、財務健全化・安定経営に欠かせません。

　たとえ帳簿上の利益が出ていたとしても、現金不足によって資金が回らなければ事業を継続できないからです（後述する損益計算書の「利益」は、帳簿上の利益であって、その法人が実際にいくらの現金預金を持っているかとは一致しません。念のため）。

　保有する現金預金の額は、所有する収益物件の規模や特徴に比して妥当であるのか（突発的に起こる滞納・退去・大小修繕修理、あるいは将来の大規模修繕等への備えとして必要十分か）、そして現在および今後の現金預金の保有金額（割合）に関する方針に関して、ご自身の考えを端的に説明できるとよいでしょう。

役員借入金はOKだが、役員貸付金は絶対NG

　「役員借入金」とは、法人役員（投資家本人）から法人に対する貸付のことです。

　収益物件購入時などに纏まった現金が必要となった際、増資による手続きの面倒や、中小企業向けの各種特例への影響を避けるため、役員から法人に対して金銭の貸付を行うことがあります。（不動産投資の実務では、割とよくあります）

　実態は増資に近いため、長期借入金（金融機関からの借入等）とは別科目で計上することが多く、金融機関によっては、役員借入金の全部または一部を、法人の自己資本として評価してくれることもあります。

　役員借入金が自己資本扱いとなれば、前述した債務超過の問題はだいぶ軽減されるはずですから、融資相談時にその金融機関での扱いを確認しておくとよいでしょう。

逆に、法人から法人役員（投資家本人）への貸付を「役員貸付金」と呼び、こちらは金融機関から非常に警戒される会計科目です。
　第1部で「資金使途」をご説明しましたが、金融機関は融資したお金が目的外のことや第三者に流用されることを許しません。
　決算書に「役員貸付金」があれば、法人に融資したお金が役員（投資家本人）に渡ってしまうのではないか？　と、要らぬ心配の種を与えてしまうというわけです。
　「役員借入金はOKだが、役員貸付金は絶対NG」と心得ましょう（万一、融資相談時に役員貸付金があるようなら、その用途や完済目途等をしっかり伝えられるよう準備は万全にしてください）。

　その他、金額または前年比の変動が大きな会計科目があれば、その原因や今後の見通しも説明できるとよいでしょう。
　たとえば、前述した「建物」は償却期間が決まっているため、償却による今後の簿価減少の見通しなどは説明できると思います。

「（2）財務情報〜貸借対照表（実態ベース版）〜」の記載内容と作成メリット

　それにしても、「建物」の簿価が大きく実態と乖離する不都合は、現実問題として、なかなか厳しいものがあります。
　たとえば、都心部のような「時価（取引相場）＞簿価」が当たり前のエリアで、耐用年数超過の収益物件を持っていた場合、仮に高稼働・高収益が続いたとしても4年後には「建物」の簿価は0円（正確には備忘価格1円）となり、貸借対照表では「土地」の分しか評価されません。
　しかし、実際に都心部の高稼働・高収益の収益物件が土地値でしか売れないことはまずあり得ませんから、簿価と実態が大きくかけ離れていることは自明なわけです。

そこで、融資対策として考えた"苦肉の策"が、「図3-2-5」です。

図3-2-5 │ 「(2) 財務情報（法人）「純資産」「資産」「負債」の内訳（実態ベース）」の書式例

〈参考〉純資産・資産・負債の内訳（実態ベース）

純資産（A − B）			72,751,009	
資産（A）			183,000,000	
	現金預金		10,000,000	
	有価証券		0	
	長期前払費用		2,000,000	
	役員貸付金		0	
	不動産		170,000,000	
		区分マンションA	20,000,000	取得金額（物件価格のみ）
		一棟アパートA	60,000,000	取得金額（物件価格のみ）
		一棟アパートB	90,000,000	取得金額（物件価格のみ）
	その他		1,000,000	
負債（B）			110,248,991	
	外部借入		80,248,991	
		A銀行	30,587,578	第9期末残高
		B信金	49,661,413	第9期末残高
	役員借入金		30,000,000	第9期末残高

〈トピックス〉

　先にお断りしますが、この表は「決算書の内容を要約したもの」とはいえず、他の表とは少し毛色が違います。

　また、新築鉄筋コンクリート造の案件を中心に投資している方や、土地値付近の取引が多いエリアで投資活動している方等にとっては、そもそもこの表を作る意味が薄いこともあるでしょう。

　それでも、本書でこの表を取り上げたのは、一つの"見せ方の工夫"としてご紹介したかった以外に意図はなく、ご自身のお考えや投資方針に合わない場合は、「情報開示シート」に敢えて入れなくとも問題ないこと（場合によっては入れないほうがスマートであること）をご理解のうえ、ご覧いただけたらと思います。

改めて、この表を作成した目的は、所有する収益物件の価値を「簿価」ではなく、せめて「取得金額」、できれば「時価」で評価した場合の参考値を示すことにあります。
　表の書式を貸借対照表と大きく変えたのは、貸借対照表との混同を防ぐためです。

　前述したように、金融機関でも貸借対照表の数字をそのまま評価するわけではなく、実態ベースに補正して評価しています。
　具体的な補正基準は金融機関によって異なるでしょうが、有名なところでいえば、先ほどの「任意償却」のほか、たとえば高額で回収見通しの薄い「売掛金」や、到底売り切れない規模の「棚卸資産」等は、資産から全部または一部を差し引いて補正していると言われています（不動産投資では、あまり関係ない補正かもしれませんが……）。
　それならば、「参考用に、補正後の表も作ってあります！」として、シレっと見せてしまおうという発想です。

　なお、「図3-2-5」で、「時価」ではなく「取得金額」を入れているのは、これまでの経験上、「時価」を入れるとその根拠を説明するのに時間を割かれるうえ、結局は当事者（利害関係者）の算定した時価ゆえ、時間をかけた割に説得力を持たせにくいと感じているためです。
　その点、「取得金額」であれば容易に客観性を証明できますし、過去の売却時に取得金額を上回った実績を添えることで数字に説得力を持たせやすく、最近ではもっぱら「取得金額」で表を作成しています。
　ちなみに、実際の審査や案件取り上げの判断において、この表がいかほど効果を発揮しているのかは、正直なところ、よく分かりません。
　担当者の方からは「分かりやすくていいですね」と言われるものの、著者自身も「アピールのきっかけになればいいかな」程度の認識で活用しているのが実際のところです。

「(2) 財務情報～損益計算書～」の記載内容と作成メリット

続いて、法人の「損益計算書」の書式例です。

損益計算書（Profit ＆ Loss statement ＝ PL）とは財務三表の一つで、その法人の一定期間の経営成績を示す書類のこと。

売上や収益から各種の費用を差し引くことで、その法人の利益を計算します。

損益計算書は直近の収益性だけでなく、成長性の確認にも活用される性質が強いとされるため、「図3-2-6」のように、「情報開示シート」では単年ではなく、複数年の推移が比較できる書式とし、細かい科目も省略しています。

図3-2-6 | 「(2) 財務情報（法人）損益計算書」の書式例

(2) 財務情報　～損益計算書～

		第5期 19年1月～ 19年12月	第6期 20年1月～ 20年12月	第7期 21年1月～ 21年12月	第8期 22年1月～ 22年12月	第9期 23年1月～ 23年12月
①売上総利益	（千円）	1,080	7,080	16,680	16,680	16,680
販管費	（千円）	950	3,294	7,686	7,686	7,686
うち、減価償却費	（千円）	630	2,630	6,630	6,630	6,630
②営業利益	（千円）	130	3,786	8,994	8,994	8,994
営業外収益	（千円）	100	100	100	100	100
営業外費用	（千円）	100	957	2,310	2,176	2,040
うち、借入金利息	（千円）	0	857	2,210	2,076	1,940
③経常利益	（千円）	130	2,929	6,785	6,918	7,054
特別利益	（千円）	0	0	0	0	0
特別損失	（千円）	0	0	0	0	0
④当期純利益（税引き前）	（千円）	130	2,929	6,785	6,918	7,054
法人税等の額	（千円）	70	626	1,450	1,478	1,508
⑤当期純利益（税引き後）	（千円）	60	2,303	5,335	5,440	5,547

〈トピックス〉

・第5期　区分マンションAを購入
・第6期　一棟アパートAを購入
・第7期　一棟アパートBを購入

著者の経験上は、直近5期分くらいを記したほうが、これまでの推移や今後の成長戦略を説明しやすいのですが、「貸借対照表に揃えて1期分＋前期比」「提出する決算書類に揃えて3期分」などでもよいでしょう。必要に応じてカスタマイズしてご活用ください。

　損益計算書では、大きく分けて「①売上総利益」「②営業利益」「③経常利益」「④当期純利益（税引き前）」「⑤当期純利益（税引き後）」の5種類の利益を計算します。

　順番にご説明しますので、それぞれの違いを理解して、金融機関と対面で話す際には"自分の言葉"で、過去の実績や今後の見通しを説明できるようにしておきましょう。

> **①売上総利益**
> 売上総利益とは、「売上高」から「売上原価」を引いた金額です。

　売上高とは、商品やサービスを提供して得た対価の総額のことで、不動産投資では毎月の家賃のほか、礼金・更新料といった売上等も含みます。

　また、売上原価とは、その売上と直接対応する費用のことですが、不動産投資の会計実務では、後にご説明する「販管費」にまとめて計上し、損益計算書上は「売上高＝売上総利益」とするケースが多いようです。

　そのため、「図3-2-6」では内訳は省略していますが、ご自身の決算書が「売上高≠売上総利益」となっているケースでは、「売上高」「売上原価」の内訳を追記してください（依頼する税理士によって、ここの会計処理は異なるようです）。

　また、原則として、不動産投資の売上高は、収益物件の保有数に比例します。

　もし、「収益物件を購入したのに売上高が増えていない」となれば、「入居率が悪いのでは？」「家賃が下がっているのでは？」等を疑われる

きっかけとなるため、しっかり説明できるようにしましょう。

なお、当然ながら売却により売上高が下がる分には問題ありませんので、その旨を明記し、可能であれば、売却事由や売却益の活用計画等を話せればベストです（もし、売却自体にネガティブ要素がある場合は、しっかり理論武装しておきましょう）。

> ② 営業利益
> 営業利益とは、「①売上総利益」から「販管費（販売費及び一般管理費）」を引いた金額です。

いわば"本業の儲け"を表す数字で、融資の審査では特に重要とされる数字の一つです。

販管費とは、事業活動をするうえでの販売業務や管理業務で発生した費用のことで、不動産投資では収益物件の取得・保有・売却等に係る費用の大半、および減価償却費がここに分類されます。

ここでの留意点は、大きく2つあります。

1つは、「減価償却費」の存在です。

貸借対照表でも「建物」の減価償却による簿価減少に注意を要しましたが、損益計算書では販管費の一つとして計上し、営業利益に影響します。減価償却費は現金支出を伴わない会計上の費用であり、かつ金額も大きいことから、「情報開示シート」では販管費の内訳に減価償却費を記す書式としています。

もう1つは、販管費には、恒常的な費用と一過性の費用が混在する点です。

たとえば、収益物件（特に空室の多い物件）を取得した年度には、各種の取得費用や取得後の集中的なリーシング費用等（広告費・原状回復費等）が大きくなり、その年度の営業利益を圧迫しますが、これらは一過性の支出であり、かつ実質的な先行投資ですから、翌年度以降の回復

が見込める場合も多いことでしょう。

ほかにも、たとえば法人の設立や移転等による販管費の増加は、一過性のものであることを説明しやすいはずです。

このように販管費のなかに、金額が大きく、かつ明らかに一過性のものがあれば、融資相談時にその旨を説明できればよいでしょう。

> ③ 経常利益
> 経常利益とは、「②営業利益」に「営業外収益」を足して、「営業外費用」を引いた金額です。

いわば"継続的な事業全体の儲け"を表す数字であり、融資の審査では営業利益と同様、特に重要とされる数字の一つです。

営業外収益とは、主とする営業活動以外によって得られる収益のことで、受取利息や有価証券利息等、財務活動によって得られる収益が該当します。

営業外費用とは、主とする営業活動以外によって発生する費用のことで、借入金利息、社債利息、創立費や開業費償却、あるいは有価証券の売却損などが該当します。

一般に、不動産投資では高額な営業外収益は生じにくく、かつ高額な融資を利用することから営業外費用に大きな借入金利息が計上されることは宿命につき、多くの場合において、「営業利益＞経常利益」となるはずです（実質的に本業の必要経費ともいえる借入金利息を営業外費用に計上することには違和感を覚えますが、会計上のルールではこのようになっています）。

なお、ここでの注意点として、「借入金利息」は営業外費用に計上しますが、「借入金元本返済」は、営業外費用に計上しません。

・実際には支出しているが、営業外費用に計上しない「借入金元本返

済」
・実際には支出していないが、販管費に費用計上する「減価償却費」

　この2つは、損益計算書の数字と実際のキャッシュフローの差分を生じさせる2大要因となっているため、後ほどこれらの数字を補正した表も、別途作成します。

> **④当期純利益（税引き前）**
> 当期純利益（税引き前）とは、「③経常利益」に「特別利益」を足して、「特別損失」を引いた金額です。

　特別利益・損失とは、通常の営業活動とは直接関わりのない、その期だけ特別な要因によって発生した利益・損失のことです。
　一般には固定資産売却益、投資証券売却益が該当しますが、不動産投資（不動産賃貸事業）では、主として固定資産、即ち収益物件の売却利益（損失）が該当します。
　ここでの留意点は、大きく2つあります。
　1つは、売却によってしっかり利益を出せたとしても、融資審査への影響は必ずしも大きくないことです。
　短期転売を主たる業務とする場合を除き、不動産投資による主たる利益はあくまでも賃貸収入であって、売却利益は臨時収入、"参考扱い"です（だからこそ、特別利益に計上します）。実際には緻密な戦略やシミュレーションの賜物であっても、「結果として儲かっただけ」「偶発的に儲かっただけ」と解釈されると論理的な反証は難しいため、「ある売却案件で大きく利益が出た」というよりは、「過去の売却案件で平均◯%以上の利益を上げている」といった方面で実績アピールする方が、まだ担当者の反応は良いと感じています（この点は著者の個人的な経験則による見解です。ご相談先の金融機関の反応を確かめながらご対応いた

だければと思います）。

　もう1つは、いまの話と逆説的ではありますが、金融機関は、そもそも頻繁に売却を繰り返すこと自体を良く思わないことが多いという点です。

　特に、購入後間もない収益物件の売却に対しては、「せっかく融資してもすぐに売却して一括返済されるのでは？」「売却益狙いのハイリスクなことを繰り返す人なのでは？」と警戒されてしまう可能性が懸念されます。必要に応じて、直近の売却案件の背景や戦略、そして今回相談している収益物件の出口戦略について、より丁寧な説明を意識するとよいでしょう。

> ⑤当期純利益（税引き後）
> 当期純利益（税引き後）とは、「④当期純利益（税引き前）」から、「法人税、住民税及び事業税」を引いた金額です。

　損益計算書において最終的に計算される数字であり、節税の巧拙により増減する数字でもあります。

　投資家にとっては手残りに直結する大変重要な数字ですが、こと融資審査においては、この数字そのものよりも、この数字に至るまでの過程が重視される傾向があります（節税の巧拙は、あまり審査に影響しないように感じています）。

　これら5つの利益の関係を理解し、少なくとも「情報開示シート」で示した期間については、"自分の言葉"で、しっかり説明できるよう準備しておきましょう（トピックス欄の記入例はシンプルですが、実際には直近実績や将来の見通しで特に理解してほしい点を、端的に記しておけるとよいでしょう）。

「(2) 財務情報　～概算キャッシュフロー～」の記載内容と作成メリット

　続いて、法人の「概算キャッシュフロー」の書式例です。

　いわゆる財務三表には、「貸借対照表」「損益計算書」「キャッシュフロー計算書」の3つがありますが、3つ目の「キャッシュフロー計算書」は、上場企業等の大手企業のみ、作成が義務付けられた書類です。

　著者の経営する法人でも作成していませんし、著者の周囲でもキャッシュフロー計算書を作成している方は少数派ですが、それが理由で融資に困った話は聞いたことがありませんし、金融機関に作成や提出を求められたこともありません（作成していないことは、ほとんどの担当者が理解しているはずです）。

　従って、融資対策のために、敢えてキャッシュフロー計算書を作る必要はないというのが、著者の基本的な考えです。

　但し、損益計算書の数字は、先ほどご説明した「減価償却費」「借入金元本返済」によって実際の現金収支とは乖離が生じるうえ、これら金額が大きくなりやすい不動産投資では、ことさらその不都合は大きいといえます。

　帳簿上は儲かっていても手元資金が枯渇すれば「勘定合って銭足らず」で、最悪は黒字倒産に繋がりかねませんし、第1部でご説明した「返済財源」の確認にも支障をきたしかねません。

　上記背景を踏まえて、「情報開示シート」では、「図3-2-7」の書式により「概算キャッシュフロー」を示すこととしています。

　計算式はシンプルで、損益計算書の「⑤当期純利益（税引き後）」に「減価償却費」を加算し、別途計算した「借入金元本返済」を差し引くことで、概算キャッシュフローを求めています。

図3-2-7 「(2) 財務情報(法人) 〜概算キャッシュフロー〜」の書式例

(2) 財務情報 〜概算キャッシュフロー〜

	第5期	第6期	第7期	第8期	第9期
	19年1月〜 19年12月	20年1月〜 20年12月	21年1月〜 21年12月	22年1月〜 22年12月	23年1月〜 23年12月
⑤当期純利益(税引き後) …(a) (千円)	60	2,303	5,335	5,440	5,547
減価償却費 …(b) (千円)	630	2,630	6,630	6,630	6,630
借入金元本返済 …(c) (千円)	0	2,276	5,691	5,824	5,960
概算キャッシュフロー a+b-c (千円)	690	2,657	6,274	6,246	6,217

概算キャッシュフローの計算式

当期純利益(税引き後) ＋ 減価償却費 − 借入金元本返済

　厳密には他にも調整すべき科目はあるものの、不動産投資で特に影響の大きなこの2つを補正した数字があれば、ひとまず「情報開示シート」の目的は達せられると考える次第です。

「(3) 借入先・貸付先一覧」の記載内容と作成メリット

　続いて、「(3) 借入先・貸付先一覧」を作ります。
「情報開示シート」では、「図3-2-8」のように、借入先・貸付先ごとの金額・期末残高等を一覧化する形をとっています。
　借入先について、「金融機関」「役員借入金」「その他」の3つに分類しています。
　1つ目の「金融機関」には、銀行や信金、公庫等からの外部借入を記載します。
　これらの数字は、自己資本比率や後述する債務償還年数といった重要指標の根拠となるだけでなく、他行からの借入実績は「他行の審査をク

図3-2-8 |「(3) 借入先・貸付先の一覧」の書式例

(3) 借入先・貸付先の一覧

	借入・貸付 の金額	借入・貸付 の期末残高	借入・貸付 の金利	借入・貸付 の期間	借入・貸付 の原因
借入先	130,000,000	110,248,991	-		
金融機関	100,000,000	80,248,991	-	-	
A銀行新宿支店	40,000,000	30,587,578	2.20%	15年(20年1月 〜34年12月)	一棟アパートAの購入資金
B信金札幌支店	60,000,000	49,661,413	2.40%	15年(21年1月 〜35年12月)	一棟アパートBの購入資金
役員借入金	30,000,000	30,000,000	-	-	一棟アパートBの購入資金
その他	0	0	-	-	
貸付先		0	0	-	-
役員貸付金	0	0	-	-	
その他	0	0	-	-	

〈トピックス〉
・役員借入金は、借入金利なし、借入期間の定めなし

リアした」ことの証です(他行の融資条件を示すことで、担当者に今回期待する金利や借入期間の目安を伝える意味もあります)。決算書や金融機関との契約書を元に、間違いのない数字を記入しましょう。

　2つ目の「役員借入金」は、先ほど貸借対照表のパートでご説明のとおり、金融機関によっては外部借入とは異なる扱いとなる(自己資本に加算してくれる)可能性があるため、敢えて別枠で記載する書式としています。

　これ以外に借入がある場合は、3つ目の「その他」に記入してください。
　次に、貸付先について、こちらは「役員貸付金」「その他」の2つに分類しています(金融機関にお金を貸すシーンは想定できないため、「金融機関」の枠は設けていません)。

　貸付金の説明で重要なポイントは、「不適切な貸付がないこと」に尽きます。

　こちらも貸借対照表のパートでご説明しましたが、金融機関は融資したお金を目的外に使用されることを強く警戒しています。

たとえば、収益物件の購入資金や大規模修繕の工事資金として融資したのに、それが役員（投資家本人）の生活資金に流用されていたり、違う法人（事業）の運転資金に回されたりといったことは、絶対にあってはならないわけです。

　また、お金に色は付いていませんから、実際には事業利益からの貸付金だったとしても、第三者がそれを一見して判別することは難しく、「融資されたお金の一部が流用されたのではないか？」とあらぬ疑いを持たれるきっかけになりかねません。

「情報開示シート」で敢えて記載欄を設けたのは、貸付金が「0円」であることを強調するためですが、もし何らかの事情で役員や他事業への貸付金が存在する場合、その貸付が間違っても融資されたお金の流用でないこと、その貸付自体の正当性や解消時期等について、しっかり説明できるよう準備しておきましょう。

　また、借入残高に関連して、「債務償還年数」という重要指標があります。

　債務償還年数とは、「借入を何年で返済できるか？」を示す数字で、「自己資本比率」「債務超過」と同様、多くの担当者が真っ先に気にする重要指標の一つです。

　債務償還年数の計算式（定義）はいくつかあるのですが、次の計算式が最も一般的なものだと思われます。

債務償還年数の計算式

$$(借入金残高 - 運転資金) \div (当期純利益（税引き後） + 減価償却費)$$

※金融機関によっては、これと異なる計算をすることもある

　計算式からご推察のとおり、原則として、債務償還年数は年数が短いほど金融機関の評価は高くなり、逆に年数が長いほど評価は低くなりま

す。

　目安となる年数は、一般業種では10〜15年以内とされますが、不動産賃貸業種では借入金額が大きくなりやすく、かつ賃貸収入の利益率が相対的に低い傾向への配慮から、15〜20年以内とする金融機関が多いとされます。

　融資相談時には、その金融機関で使っている計算式や「運転資金」の解釈、そして年数の目安について、質問してみるのもよいでしょう。

「(4) 所有物件一覧」の記載内容と作成メリット

　続いて、「(4) 所有物件一覧」を作ります。
　第1部でもご説明のとおり、融資審査では、すでに所有している収益物件の収益性・資産価値も評価の対象となります。
「情報開示シート」では、「図3-2-9」のように、「物件概要」「取得・賃貸条件」「期末簿価」の3つに関して情報を整理し、一覧にして示す仕様としています。

図3-2-9 |「(4) 所有物件一覧」の書式例

(4) 所有物件一覧

物件概要						取得・賃貸条件（円）						期末簿価（円）	
種別	物件名称/部屋数（号室）	建築年	構造	登記面積（土地/建物）	所在地	アクセス	取得年月	取得額	抵当権設定額	年間賃料		月額固定費		土地	建物/設備
										満室時	利回り	BM	PM		
区分	区分マンションA201号室	1981年	SRC	22㎡	東京都新宿区新宿不動産1-1-1	JR各線新宿駅徒歩5分ほか	2019年1月	20,000,000	なし	1,080,000	5.4%	15,000	3,300	10,000,000	6,850,000
一棟	一棟アパートA6室	2005年	木造	150㎡/300㎡	北海道札幌市中央区不動産3-3-3	JR北海道札幌駅徒歩5分ほか	2020年1月	60,000,000	40,000,000	6,000,000	10.0%	PMに含む	12,000	40,000,000	12,000,000
一棟	一棟アパートB8室	2007年	木造	200㎡/400㎡	北海道札幌市中央区不動産4-4-4	JR北海道札幌駅徒歩5分ほか	2021年1月	90,000,000	60,000,000	9,600,000	10.7%	PMに含む	16,000	50,000,000	28,000,000

　1つ目の「物件概要」には、登記簿（全部事項証明書等）や販売図面

（マイソク等）から、金融機関の担当者がどんな収益物件を所有しているのかをイメージできる情報を抜粋して記載します（所有物件に特徴がある場合、記載項目はカスタマイズください）。

2つ目の「取得・賃貸条件」には、取得時の条件や抵当権の有無（設定額）、および賃貸時の収益性の概要が分かる情報を抜粋して記載します。

なお、賃貸時の情報については、別途レントロールの提出が求められることが多いため、レントロールとの整合性確保に注意してください（取得時の情報と異なり、賃貸時の情報は随時変動するため、うっかり「情報開示シート」の更新を忘れてしまいやすいので……）。

3つ目の「期末簿価」には、現在の簿価を土地・建物（設備）の単位で記します。

理想を言えば、「時価（取引相場）」「積算評価」「収益還元評価」も併記したいところですが、融資を受けたい当事者の算出した評価額に客観性を持たせるのは難しいと考え、簿価だけに留めています。

「(5) 代表社員の情報」の記載内容と作成メリット

自己紹介シートの最後は、「(5) 代表社員の情報」です。

特に、投資規模が小さなうちは、法人とその役員（代表社員）たる不動産投資家は実質一体として評価されることが多いため、自分自身の状況についても「情報開示シート」に記載しておくことが重要となります。

但し、法人と異なり、個人（個人事業主）では、法人と同等の決算資料を作成している方は少ないと思いますので、「情報開示シート」でも次ページ「図3-2-10」〜「図3-2-13」のように法人よりもライトな書式としています。

ちなみに、個人事業主の場合、いわゆる5棟10室基準に達し、青色申告の65万円特別控除を受ける場合に限り、「貸借対照表」が必要とな

ります。また、その場合でも作成する書式は、法人のそれよりも簡易なものです。

あくまでも審査対象は「法人」ですし、初回相談でここまで情報開示できれば必要十分と思いますが、融資相談時に不足情報がないかについては、念のため確認しておきましょう。

記載内容は、法人とほぼ重複しますので一気に書式例をご紹介します。

図3-2-10｜「(5) 代表社員の情報①」の書式例例

(5) 代表社員の情報①

純資産 (A－B)			49,724,460	
資産 (A)			97,000,000	
	現金預金		3,000,000	
	有価証券		1,000,000	
	自法人への貸付金		30,000,000	
	不動産 (収益物件)		33,000,000	
		区分マンション X	15,000,000	取得金額 (物件価格のみ)
		区分マンション Y	18,000,000	取得金額 (物件価格のみ)
	不動産 (自宅)		30,000,000	取得金額 (物件価格のみ)
	その他		0	
負債 (B)			47,275,540	
	外部借入 (収益物件)		20,444,487	
		X 銀行	20,444,487	2023 年末残高
	外部借入 (自宅)	Y 銀行	26,831,053	2023 年末残高
	外部借入 (その他)		0	
	自法人からの借入金		0	
〈トピックス〉				

図3-2-11 「(5) 代表社員の情報②」の書式例例

(5) 代表社員の情報②

収入・所得		2019年	2020年	2021年	2022年	2023年	備考
給与	収入1（千円）	6,000	3,000	0	0	0	2020年に株式会社△△退職
	収入2（千円）	0	0	0	0	0	
	所得（千円）	4,360	2,020	0	0	0	
不動産	収入（千円）	1,980	1,980	1,980	1,980	1,980	区分マンションX・Yは満室稼働中
	所得（千円）	800	800	800	800	800	
事業	収入（千円）	0	0	0	0	0	
	所得（千円）	0	0	0	0	0	
その他	収入（千円）	0	0	0	0	0	
	所得（千円）	0	0	0	0	0	
合計	収入（千円）	7,980	4,980	1,980	1,980	1,980	
	所得（千円）	5,160	2,820	800	800	800	

〈トピックス〉

図3-2-12 「(5) 代表社員の情報③」の書式例

(3) 借入先・貸付先の一覧

		借入・貸付の金額	借入・貸付の期末残高	借入・貸付の金利	借入・貸付の期間	借入・貸付の原因
借入先		61,000,000	47,275,540	−	−	
	金融機関	61,000,000	47,275,540	−	−	
	X銀行	14,000,000	8,733,048	1.90%	35年（08年1月～43年12月）	収益物件X購入
	X銀行	17,000,000	11,711,439	2.20%	35年（10年1月～45年12月）	収益物件Y購入
	Y銀行	30,000,000	26,831,053	0.50%	35年（20年1月～55年12月）	自宅購入（住宅ローン）
	自法人からの借入金	0	0	−	−	
	その他	0	0	−	−	
貸付先		30,000,000	30,000,000	−	−	
	自法人への貸付金	30,000,000	30,000,000	−	−	一棟アパートBの購入資金
	その他	0	0	−	−	

〈トピックス〉
・自法人への貸付金は、借入金利なし、借入期間の定めなし

図3-2-13 | 「(5) 代表社員の情報④」の書式例

(4) 所有物件一覧

種別	物件名称/部屋数(号室)	建築年	構造	登記面積(土地/建物)	所在地	アクセス	取得年月	取得額	抵当権設定額	年間賃料(満室時)	利回り	月額固定費 BM	月額固定費 PM	土地	建物/設備
区分	区分マンションX 301号室	2004年	SRC	18㎡	東京都世田谷区不動産前1-1-1	JR各線新宿駅徒歩5分ほか	2008年1月	15,000,000	14,000,000	960,000	6.4%	15,000	3,300	8,000,000	4,312,000
区分	区分マンションY 401号室	2002年	SRC	20㎡	東京都杉並区不動産前1-1-1	JR北海道札幌駅徒歩5分ほか	2010年1月	18,000,000	17,000,000	1,020,000	5.7%	18,000	3,300	10,000,000	5,200,000
区分	【自宅】区分マンションZ 501号室	2015年	SRC	80㎡	北海道札幌市中央区不動産5-5	JR北海道札幌駅徒歩10分ほか	2020年5月	30,000,000	30,000,000	-	-	-	-	-	-

いかがでしょうか。

合計100ページを超えるような資料を見ながらよりも、こうした「自己紹介ファイル」を手元に置きながら融資相談するほうが、よほど正確に情報開示ができ、お互いに実りのある時間となりそうと思えたのではないでしょうか。

是非、皆さんのご事情・お考えに沿った書式にカスタマイズして、ご活用いただけたらと思います。

3-3 情報開示シート「②案件説明ファイル」
資料にはない情報を説明し、金融機関の融資不安を解消する

KEYPOINT

- 「案件説明シート」で資料にはない「案件の実現性」と「事業性評価」を説明する
- 「資金計画」で資金使途を示すことで、金融機関の不安を先回りして解消する
- 案件シミュレーションは「しっかり購入判断をしている」と示すための資料と心得る

「②案件説明ファイル」で案件の実現性と事業性を説明する

　ここからは、「情報開示シート」のうち、「②案件説明ファイル」の具体的な書式例およびその作り方のご説明に移ります。
　これまでご説明のとおり、一般に金融機関による融資では、

・融資を受けようとする本人（法人・個人）の事情
・融資の目的となる案件の個別事情

の両面に対して審査が行われます。
　先ほどまでご説明した「①自己紹介ファイル」は前者を説明するもので、これからご説明する「②案件説明ファイル」は後者を説明するものとイメージいただけたらと思います。
　融資相談の実務では、一般に次のような資料を金融機関に持参・提出

します。

> **融資相談時の提出資料（一例）**
> ・マイソク（販売図面）
> ・レントロール
> ・不動産登記簿謄本（土地・建物）
> ・公図、地積測量図
> ・固定資産評価証明書
> ・確認済証、検査済証
> ・各種図面（建物図面、間取り図、設計図面等）
> ・売買契約書、重要事項説明書

　但し、必ずしも初回相談時にすべての資料を提出する必要はありません。実務では、まず「マイソク」「不動産登記簿謄本（土地・建物）」あたりを提出して、その金融機関で審査を取り上げできそうか（検討できそうか）を確認してもらうといった進め方も多く見られます（担当者との人間関係によっては、FAXやメールでマイソクを送るだけで一次判断してもらうこともあります）。

　マイソクや不動産登記簿謄本だけならA4用紙数枚程度、その他資料を含めても同20～30枚程度のボリュームに収まることが多く、資料に記載された情報を要約するだけなら、わざわざ「案件説明ファイル」を作る意味合いは薄いといえます（この点、膨大な資料から重要事項を要約した「自己紹介ファイル」とは事情が異なります）。

　では、何のために「案件説明ファイル」を作るのかといえば、

・資料には直接表れてこない案件特性の補足
・投資家の考える、案件の実現性と事業性評価

「(1) 物件概要」の記載内容と作成メリット

まずは、「(1) 物件概要」を作ります。
「図3-3-1」は、物件概要を示す書式例です。

図3-3-1 |「(1) 物件概要」の書式例

(1) 物件概要

物件概要						取得・賃貸条件 (円)					
種別	物件名称/部屋数(号室)	建築年	構造	登記面積(土地/建物)	所在地	アクセス	価格		年間賃料		利回り		月額固定費	
^	^	^	^	^	^	^	購入予定価格	(参考)販売価格	現況	相場	現況	相場	BM	PM
一棟	一棟アパートC8室	2009年	木造	200㎡/400㎡	北海道札幌市中央区不動産5-5-5	JR北海道札幌駅徒歩7分ほか	40,000,000	45,000,000	6,000,000	5,400,000	15.0%	13.5%	PMに含む	22,000

・違法建築、既存不適格に該当しない	いずれにも該当しない
・確認済証、検査済証の有無	確認済証のみ
・家賃相場、リーシング状況の確認	実施済(●●不動産札幌店、▲▲不動産すすきの店にヒアリング)
・保証協会利用の可否	利用可(但し、金利調整を希望)

〈トピックス〉
・今後の入退去により、いまの家賃相場から利回りは15.0%→13.5%に下がることを想定。(それでも周辺相場よりは高利回りを維持)
　また、入居歴の長い方の退去時、大掛かりな原状回復費用が見込まれるため、資金計画にて手当て済。(詳細後述)
・現所有者にて、2022年に大規模修繕を実施済。現地確認のうえ、当面の大掛かりな工事は不要と判断。

上段左側には収益物件の基本情報を、右側には価格・賃料等の情報をそれぞれ記載します。

基本情報はマイソク等から分かるため最低限の情報に留め、著者の経験上、よく質問を受ける「売主との交渉有無(実際の購入予定価格)」「現況賃料の妥当性」に関する情報を右側に記載する書式としています。

そして中段にはその他実務でよく確認されるポイントを並べ、下段にトピックス欄を設けた形です。

ちなみに、著者が金融機関の担当者と会話するなかで、「不動産業者に任せきりの経営者(投資家)は信用できない」という話をよく聞きます。

その収益物件を販売(または仲介)する不動産業者は、立場的にその売買案件を成立させなければなりません。

　投資家がその販売(仲介)不動産業者に、「現況家賃は適正ですか?」「追加修繕は必要ありませんか?」と聞いたとして、正直に答えてもらえるケースばかりではないでしょう(調査していないこともあるでしょうし、知っていても投資家の購入意欲を削ぐような答えは極力したくないはずです)。

　著者個人としても、利益相反する相手にこうした質問は意味がないと思いますし、金融機関も当然同じことを思っていることは想像に難くありません。

　なるべく案件調査は自分自身でも行い、その調査結果を踏まえて購入判断したことは、自信を持って伝えられるようにしておきたいところです。

「(2) 資金計画」の記載内容と作成メリット

　続いては、「(2) 資金計画」を作ります。
　第1部でご説明した「安全性の原則」のうち、「審査の3原則」を覚えているでしょうか?

> **審査の3原則**
> ・資金使途　　：融資した資金を、何に使うのか
> ・返済財源　　：融資した資金を、どこから返済するのか
> ・保全(担保)　：融資した資金が返済不能となった場合に、どこから補填するのか

　大前提、収益物件購入として融資されたお金を、それ以外の使途に流用することは許されません。

また、審査から融資実行までの間に、返済財源や保全の根拠を崩すような大きな変化があれば、審査のやり直しになる可能性もあります。

しかし、著者が見聞した範囲でも、

・収益物件購入には5,000万円あれば足りるのに、6,000万円が必要と誤認させて融資を受け、差額は運転資金に流用してしまう
・融資金額の不足分を、金融機関に断りなくカードローン等で充当してしまう

といったケースは実際にあるようで、これらは言わずもがな融資の安全性を脅かすことに繋がります。

特に融資先が初めての取引相手であれば、金融機関が警戒するのは仕

図3-3-2 「(2) 資金計画」の書式例

(2) 資金計画

【想定必要額】

支出項目	想定金額	備考
1. 収益物件価格（土地・建物）	40,000,000	購入予定金額
2. 仲介手数料	693,000	仲介不動産会社からの見積もり（法定上限額の半額）
3. 火災保険料	500,000	概算（5年一括払い）
4. 登記関連費用	200,000	概算
5. 不動産取得税	800,000	概算
6. 取得時空室の原状回復費用	100,000	工務店からの概算見積もり
7. 取得時空室のリーシング費用	120,000	AD2ヵ月×1室
8. 特別対応費用（予備費）	300,000	入居歴の長い方の退去時の対応予備費
9. その他	150,000	その他精算金および予備費
合計	42,863,000	

【資金調達計画】

調達先	想定金額	備考
自己資金（現金預金より）	7,000,000	法人現金預金10,000,000円より拠出
役員借入（代表社員より）	1,000,000	現金預金3,000,000円より拠出
外部借入	35,000,000	返済期間〇年、元利均等、金利〇%を希望
合計	43,000,000	

方のない話ではありますが、せっかくの融資相談ですから、こうした不安は少しでも払拭させておきたいところです。

そこで、金融機関に、「図3-3-2」のような「資金計画」を提示することになります。

まず、収益物件購入に要する総額と内訳を示すことで、案件実行に必要な総額を明らかにします。

そのうえで、自己資金・役員借入で用意できる金額について、その出所を含めて明示することで、融資希望金額の妥当性を補完する形です。

初回の融資相談でここまで説明できれば、前述したような警戒心はかなり払拭できるのではないかと考える次第です。

「(3) 案件シミュレーション」の記載内容と作成メリット

最後は、「(3) 案件シミュレーション」に関してご説明します。

案件シミュレーションは、投資家にとって、収益物件購入の直接の判断材料となる非常に重要な指標です。

そこから、「さぞや金融機関も、自分の行ったシミュレーションの方法・結果には興味津々であろう……」と思われるかもしれませんが、少なくとも著者の経験上は、担当者に強い関心を示されたことはあまりなく、多くの場合は参考程度の反応があるかどうか……といったものでした（正確にいえば、精緻なシミュレーションの"書式"には関心を示す担当者は時々いますが、審査のためというよりは個人的な好奇心による反応だった印象です）。

理由はシンプルで、実際の審査では、その金融機関独自のシミュレーションが使われるため、当事者であり、利害関係者である投資家本人の作成したシミュレーションを直接的に活用する場面がないのです。

また、金融機関にとっては、シミュレーション結果は重要な審査材料

の一つではあっても、数多ある審査項目の一つに過ぎないという事情も影響しているのかもしれません（誤解を恐れずにいえば、担当者の本音は「本当に投資家は儲かるのか？」よりも、「融資検討できる条件・材料が整っているか？」にあるわけで、この立場の違いによる温度差は仕方がありません）。

　理想をいえば、両者の作成したシミュレーション結果を並べてみて、お互いの認識齟齬を埋めたり、より現実的な条件に修正したり……といったことができればよいのですが、残念ながらそうした機会を得たことは一度もなく、著者の周囲からも聞いたことがありません。

　金融機関は様々な業種・業態からの資金需要に対応しなければなりませんので、特定業種の専門家（しっかり知識・経験を積んだ不動産投資家は不動産投資の専門家です）と同レベルの深い造詣を期待するのはさすがに無理筋であり、ある程度は杓子定規に、ときには理不尽に評価されることも、受け入れるしかないのでしょう。

　しかし、担当者に「しっかりシミュレーションをしたうえで購入判断をした」という事実を伝えることは、直接的な審査材料には使われないまでも、定性面で一定の評価を得られる可能性はあります。

　すなわち、案件シミュレーションを「案件説明ファイル」で示す目的は、シミュレーション結果の合理性・妥当性を説明・証明するためではなく、「しっかりしたシミュレーションを行ったうえで購入判断していますよ」という当たり前の姿勢をアピールするためである……、著者はそう割り切って対応しています。

　従って、「案件説明ファイル」で示すシミュレーション内容は、ことさら第三者への理解を促すものに加工する必要はなく、実際の購入判断時にご自身で作成したシミュレーションを添付すれば必要十分でしょう。

　もし、シミュレーションスキルにご不安があるようでしたら、第1部

でご紹介した「(図1-3-3) 収益計算シミュレーション実践編　雛形書式」（32ページ）の活用をご検討いただけたらと思います（案件によっては、同書付録の「簡易版書式」でもよいでしょう）。

　なお、一般に金融機関のシミュレーションでは、特に「金利上昇リスク」を慎重に考えていることが知られています。（実際、担当者や支店長とやり取りするなかで、著者もそのように感じることが多々あります）

　日本銀行の金利政策変更もあり、この傾向は今後より顕著になることが予測されますので、シミュレーションの設定条件について、

> ・基本シナリオ（常識的な金利上昇を前提）
> ・リスクシナリオ（通常考えにくいレベルの金利上昇を前提）

など、金利に関しては複数の条件でシミュレーションした結果を示すと、担当者の共感を得やすいかもしれません。

　以上で、第2部のご説明を終わります。
　ここでご説明した「情報開示シート」は、本書購入者用の特典として無料でダウンロードいただけます（「図1-3-3」でお示ししたシミュレーション書式は本書の特典対象外です）。
　但し、冒頭でもお伝えのとおり、「融資対策」、とりわけ「融資相談の場で何を・どのように伝えるのか」については、個々の事情や考え方による部分が大きく、読者の皆さんにおかれましても、読後の感想は分かれたのではないかと思います。
　本書の「情報開示シート」は、そうした様々な反応を承知でお見せした"書式の一例"につき、気になったところは、是非ともご自身でカスタマイズのうえ、融資相談でどんどんご活用いただけたら嬉しく思います。

続く第3部では、財務面に関する説明の"総仕上げ"として、稲垣浩之税理士より「自分自身で決算書を作る方法」を、イチから丁寧にご説明いただきます。

　著者自身も、自分の経営する法人の決算書を作っていますが、自分で会計科目を割り振り・数字を打ち込むことで、自社の財務状況をより深く理解できるようになったことは間違いありません（座学と実務・実践では、やはり得られる理解度は大きく異なるのだと実感しています）。

　是非、最後まで読破し、本書の理解をいっそう深めていただけたらと思います。

第3章 まとめ

■ 情報開示シートの目的・構成

- 「担当者の段階」で投資家本人の事情や案件から、融資落ちするケースが少なくない
- 「情報開示シート」で、審査に値する情報を網羅する
- 「①自己紹介ファイル」「②案件説明ファイル」は別々に備え、前者は定期的に情報更新、後者は案件発生都度に更新

■「①自己紹介ファイル」で投資家の状況を開示する

- 「会社・代表者」や「財務情報」を開示することで、「融資審査に値する」とアピールする
- 貸借対照表で最も重要な数字は、「純資産」
- 損益計算書は直近の収益性だけでなく、成長性の確認にも活用
- 資産規模拡大においては、CFと純資産のバランスが重要
- 借入先・貸付先を開示し、「不適切な借入・貸付がない」と示す

■「②案件説明ファイル」で資料にはない情報を補足

- 「案件説明シート」で、「案件の実現性」と「事業性評価」を示す
- 収益物件購入として融資されたお金を、それ以外の使途に流用することはNG
- 案件シミュレーションは、「しっかり購入判断していますよ」という当たり前の姿勢をアピールする資料

第 3 部

不動産投資家のための「決算書」入門

第4章

不動産投資家のための決算書とは？

　不動産投資家にとって、決算書は切っても切り離せない関係にあります。それはなぜでしょうか。不動産投資家は投資、と言いつつ、実態は企業経営に近いセンスを必要とされるからです。すなわち、税務上のセンスと金融機関対策のセンスです。
　ただし、不動産投資に限れば、それほど難しい話ではありません。実際にどのような知識、考え方が必要になるのか、まずは概要から解説していきます。

4-1 決算書の役割
不動産投資の決算書から何がわかるのか?

KEYPOINT
- 不動産投資の決算書は「損益計算書」と「貸借対照表」の2つ
- 決算書は計算対象期間ごとに作成する
- 不動産投資をするなら、決算書の知識は必須

決算書とは何か?

そもそも「決算書」とは何でしょうか?

学校でいえば、1学期を終え夏休みに入る前に手渡される「成績表」のようなものです。1学期中に学習した科目(国語、算数、体育等)を学校側が学習の「結果や過程」から評価し、成績表という形にして、皆さんに手渡されます。「決算書」も同様で、不動産投資という事業の「結果と過程」を示すものです。

このように、決算書は1年間の事業の成績表といえるでしょう。

「決算書」は「図4-4-1」のように2種類で構成されます。

図4-1-1 | 損益計算書と貸借対照表、セットで決算書

決算書	損益計算書	不動産投資によって利益を稼ぐ力を数値化した書類
	貸借対照表	不動産にまつわる情報がまとまっている書類

※キャッシュフロー計算書とあわせて財務3表とも呼ばれますが、不動産投資では、損益計算書、貸借対照表の2つを決算書としています。

「損益計算書」は、「①売上高－②費用＋③固定資産売却益（－③固定資産売却損）」の計算式にて、どれだけの利益が１年間に生じたか？ どれだけの損失が生じたか？ をその計算過程とともに明らかにした書類をいいます。

つまり、損益計算書は不動産投資によって利益を稼ぐ能力を数値化した書類なのです。

利益が生じている場合は、この利益に税法で定められた税率を乗じて納めるべき税金を計算し、税務署に納付しなければなりません。従って税務署にも利益の計算根拠となる損益計算書を提出することになります。

一方、貸借対照表は、次のABCについて「A（資産）＝B（負債）＋C（純資産）」という形式で不動産にまつわる情報がまとまっている書類をいいます。

(A) どれだけの現金預金があって、どれだけの賃貸物件があるか？（資産という区分に不動産賃貸の係るすべての財産が記載されます）
(B) 物件を購入した際の借入金がどれくらいあるか？（負債という区分に返さなければいけない金額として記載されます）
(C) 今まで、不動産賃貸業によって稼いだ利益の累積額がどれくらいあるか？（純資産という区分に、返さなくてもよい金額として記載されます）

特に物件の購入資金を融資する金融機関にとっては、これから融資をするにあたっての最も重要な判断資料になります。

これらは、A＝B＋Cという形式で成り立ち、それぞれの数字の変化から様々なことが読み取れます。

たとえば、資産にグルーピングされる現金預金が多額であれば、借入金の返済安全性が確保されることになりますし、賃貸物件が多ければ利

益という純資産を増加させる可能性大でしょう。

　負債である借入金が少なければ、稼いだ家賃収入が手許に残り、これも純資産が増えていく可能性が大きいでしょう。

　このように不動産にまつわる情報が端的に詰め込まれている書類ということができます。

決算書の大前提（計算対象期間）

　決算書は、1年間の事業の成績表といいました。この期間を計算の対象にするということで、「計算対象期間」といいます。計算対象期間は個人の場合、法人の場合で、「図4-1-2」のとおりに決まっています。

図4-1-2 | 決算書の計算対象期間（会計期間）は？

	期間	いつからいつまで？（計算対象期間）
個人	原則　毎1年ごと	1/1～12/31
法人	原則　毎1年ごと（最長1年）	法人が定めた期首日から1年を経過した日の前日（期末日）（期首日が2/1であれば翌年の2/1の前日となる1/31が期末日）

※事業を開始した日が年の中途の場合、個人は開始した日からその年の12/31までの期間、法人は設立日から期末日までの期間。

なぜ不動産投資家には、決算書の知識が不可欠なのか？

　不動産投資家にとって、決算書の知識は必要不可欠です。

　なぜでしょうか。株式投資なら決算書の知識は必ずしも必要ではありません。決算書の知識がなくとも、トヨタ自動車のような株を売買し、利益を出すことが可能です。

　もちろん、「決算書を見る力」はあったほうが良いでしょう。私も「見る力」があったお陰で、株式投資で助かったことが1度や2度ではあり

ません。ですが、「見る能力」がなくとも株式投資で儲けている人は世の中にゴマンといるわけですから、一般的には必要ないといえます。

　一方、不動産投資の場合、決算書を「見る能力」だけではなく、決算書を「作る能力」まで必要不可欠といえます。
　それは不動産投資は投資とは言いつつ、実際は事業に近い性質を持つため、決算書まで理解できる経営的知識・センスが必要なのです。
　具体的には次のような場面で、決算書を作り、読み、説明できる能力が求められます。

①税務署への申告
②金融機関への融資相談・財務状況の説明
③適切な節税対策

　一つひとつ説明していきましょう。

4-2 決算書の存在理由
なぜ不動産投資家は決算書の知識が必須なのか？

KEYPOINT
- 不動産投資家は、自分で「納税の申告」をしなければならない
- 決算書の作成は税理士に一任できる時代ではない
- 金融機関は「投資家が財務状況を語れるか」を見ている

不動産投資は、自分で「申告」しなければならない！

　決算書とは、①計算対象期間において、②不動産投資で得た利益額及びその過程を表現した書類です。これは、決算書の片方の損益計算書で表現されます。

　そして、損益計算書に記載された利益に税率を掛けた金額が支払うべき税金となります。

　不動産賃貸業に限らず、儲かって利益がでた場合（株式投資によって得られる利益もそうですし、勤務先から支払われる給料も例外ではありません）、税務署に申告し納税しなければなりません。申告とは、普段あまり使わないかもしれませんが、官公庁に申し出ることです。今回でいえば、「〇〇円の利益が出たので、〇〇円を納税します」と申し出ることです。

　そのために必要なのが決算書です。

　でも、普段は申告を意識したことがないでしょう。それは、図4-2-1のように実務的にそれぞれの人が申告業務を行っているからです。

図4-2-1 ＜所得区分ごとの実際の申告作業を行う人＞

利益の種類	税務上の所得区分	実際に申告業務を行う人
株式投資による利益	譲渡所得 ・配当所得	あなたの代わりに 証券会社が行う。
勤務先から得る 給料・賞与	給与所得	あなたの代わりに 勤務先である会社が行う。
不動産賃貸による利益	不動産所得	あなた自身がやらなければならない。

「利益」を税務申告上では、「所得」という名称で呼びます。会社から受け取る給料なら、税務上「給与所得」に区分されます。

ここで重要なのは「株式投資による利益」、「勤務先から得る給料・賞与」は各々、証券会社、勤務先である会社があなたの代わりに申告をしているという事実です。

あなたが生涯、一つの会社で給料をもらい、株式売買をしていくら儲けたところで、確定申告を自ら行うことは生涯ありません。すなわち「決算書」を作る能力は一生涯必要ないのです。

しかし、賃貸物件を所有し、家賃収入を得ることになるとそうはいきません。申告は自分で行わなければなりません。そのためには、「決算書を作る能力」が必要になってきます。

決算書作成は、税理士に一任する時代ではない！

とはいえ、すべての不動産投資家が決算書を自分で作っているかというと、そんなことはありません。むしろ、私のような税理士に決算書・申告書の代理作成を依頼するという場合がほとんどでしょう。

当然、その分の費用が発生します。しかも、近年、その費用は右肩上がりの傾向にあります。

背景には、決算書・申告の作成代理を依頼できる税理士事務所が減少していることがあります。今に始まったことではないのですが、税理士

はその半数以上が40歳以上で、高齢化が進んでいます。

あわせて若年層の税理士試験の受験者数が激減しているのが、ここ近年の傾向です。背景には、業務の複雑さから税理士業界に就職を希望する人材が不足していることがあり、税理士事務所間で少ない人材の取り合いになっています。

そうしますと、人材の確保のため、賃金相場を上げざる得ない状況です（この業界に限ったことではないのかもしれませんが……）。

不動産投資は現在、市場に出ている賃貸物件相場からすると「タイトな利回り」にならざるを得ません。

当然、税理士費用などの間接費用はなるべく削減したいのが正直なところだと思います。このとき、「決算書を作る能力」があれば、少なくとも税理士の費用を抑えることができるのです。

決算書を作れたら、税制優遇を受けられる

個人が5棟10室以下の賃貸物件を所有賃貸している場合に、所得税の確定申告書を提出すると、青色申告特別控除10万円という経費が計上できます。

所得税申告の節税メリットの一つで、決算書作成をするだけで、青色申告特別控除額という名の必要経費が税務署から与えられるのです（前提として、開業時に開業届を出していることも必要です）。決算書の作成内容によって、10万円、55万円、65万円の控除額が与えられるので、もらわない手はないでしょう。

10万円の適用を受けるには、決算書のうち「損益計算書」を提出するだけです。まだ投資規模・経験が浅くても、最低限「損益計算書」がしっかり作成されていれば受けられるのです。

法人の場合は、規模が小さく、区分マンション1室のみを所有している場合でも「損益計算書」と「貸借対照表」の両方の提出が必要です。

この本を読まれている投資家さんは、将来的に資産規模拡大を目指していると思います。ぜひ今は必要なくとも「貸借対照表」の作成もできるほうがベストでしょう。

　さしあたり、個人で5棟10室以下の投資規模の場合、「決算書」のうち「損益計算書」の作成ができれば、所得税の申告上、問題ないことは頭に入れておいてください。

金融機関と税務署に「財務状況」を説明できる

　ここまでの説明で、決算書（損益計算書及び貸借対照表）にどのようなことが記載されるか、おぼろげながらも理解できていると思います。

　それにつけても、そもそも「計算対象期間を1年と定め、決算書を作成する必要性」はあるのかと疑問に思うことでしょう。

「決算書の作成」は、「物件の購入、賃貸、売却をとおしての1回きりで問題ないのでは？」と考えると思います。

　しかし「決算書」の計算対象期間がないと困る人たちが存在するのです。それは、税務署と金融機関です。

　この2者にとって、計算対象期間がないと困る理由は「図4-2-2」のとおりです。

図4-2-2 | 対象期間がないと税務署と金融機関が困る理由

	対象期間がないと困る理由
税務署	賃貸期間中、儲かっているのなら1年に一回「決算書」を作成して利益の有無を確認し利益がでているのなら税金を払って貰いたい。
金融機関	定めた返済期間にわたって事故なく返済されるかどうか1年に一回、返済能力の有無を「損益計算書」の利益状況、「貸借対照表」の資産・負債状況から判断したい。

　税務署は課税上の都合から、金融機関は貸付金の回収の都合、加えて近い将来新たに貸し付けしても問題ない状況か、このような理由からで

す。

　賃貸業を開始して3年経過したら3年分の、10年経過したら10年分の決算書が手許にあるでしょう。

　ここで大事なことは、3年分の決算書、10年分の決算書を古い順から直近の順に並べてみることで業績の推移（損益計算書）と財政状態の変化（貸借対照表）が見て取れることです。

　税務署はより多くの税金を取りたいはずです。そこに不自然な収益・費用と利益（又は損失）の増減があれば、皆さんに対して税務調査に行くことを検討するでしょう。

　金融機関は確実に貸付金を回収し、できれば新規の貸付金を増やしたいはずです。他金融機関から新たな借入をいくらし、いくらの新規収益物件を購入しているか、逆に既存物件を売却して他金融機関からの借入金を一括返済しているか、など当初貸し付けた状況と比較して、なにかしらの変化を把握することにより、現況の貸付金の回収がスムーズに進むか、また新たな貸し付けの可能性を検討します。

　過去から現在までの決算書を、1年間隔で比較することで得られる情報が、税務署及び金融機関にとっては有益ということができるでしょう。

　税務署が個人の所得税申告期限である「3月15日」を、マスメディアを使って喧伝するのは、期限通りに毎年、所得税等の申告書（もちろん決算書の作成義務が含まれます）の提出を促すためです。

　金融機関が融資申し込みの際、「決算書一式3期分」の提出を求めるのは、3期分を比較検討することで、その融資の可否を判断するためなのです。

4-3 不動産投資の決算書
「不動産投資の決算書」は最も作りやすい決算書

KEYPOINT
- 不動産投資の決算書は、他の決算書よりも簡単に作成できる
- 100ある勘定科目のうち、使うのは35項目程度
- 決算書作成のうち、ほとんどが賃貸時の会計処理

不動産投資の決算書は、他事業の決算書と比べてシンプル！

「決算書を自分で作る必要性、メリットはよくわかった。でも、作るのが大変では？」

ここまで読んで、そう感じている人は多いでしょう。でも、作り始めてみると、そうでもないと気づくはずです。どちらかというと、コツコツした作業が多いので、そこを気にされるかもしれません。

今回、「決算書の仕組みから、決算書の具体的な作り方までをレクチャーする本を書いてみないか」とお話をいただき、当初はお断りするつもりでした。

あまりにも「決算書」に関する本（決算書の読み方、使い方、作り方、決算書入門など）が世の中に溢れており、今さら出る幕もないだろうというのが理由の一つ。

もう一つの理由は、決算書の読み方・作り方を説明するためには、簿記3級程度の知識がどうしても必要になるため、ともすれば「単なる簿

記の教科書」になる危惧がありました。

　しかし「待てよ？　不動産投資のみ〜」に絞ったら、いけるんじゃないだろうか？　すべての業種に通用する決算書の作り方だと範囲が広くなるが、不動産投資という縛りをかけるなら可能かも！？　という考えに至ったのです。

　不動産投資の決算書には、2つの特色があるからです。

> **不動産投資の決算書2つの大きな特徴**
> ①勘定科目の数が限定されている（数が少ない）
> 決算書の登場人物といえる勘定科目（家賃収入、外注管理費、租税公課、減価償却費等）が限定されており、科目数も多くない。
>
> ②決算書の作成期間中の会計処理の約7割が賃貸事業取引
> 不動産投資は大きく分けて「購入」「賃貸」「売却」の3つの取引で成り立っており、物件所有期間において約7割が「賃貸」に関する会計処理で占められる。

不動産投資に絞れば、決算書の理解は簡単！

　まず「①勘定科目の数が限定されている」です。

　勘定科目というのは会計ソフトで「仕訳」を入力する際に使用する科目です。これは100以上あり、一般の人が簿記・会計の知識を習得するうえでネックになっているのですが、不動産投資の場合、少なくて約25科目、多くて35科目を理解し、覚えればすむのです（弊所で受託している1棟所有の不動産管理会社または個人投資家の平均になります）。

　ちなみに、一般の事業会社（卸売業、運送業、小売業ほか）が使用する勘定科目は、少なくとも上記の倍です（少なくて40科目多くて80

科目、自社で製品を作って販売している製造業などは100科目を超えることもザラにあります）。

つまり、最大で35科目を覚えておけばよいというわけです。もちろん、試験を受けるわけではないので、ある程度覚えたら、あとは一覧表を見て作業すればよいでしょう。

さらに、「②決算書の作成期間中の会計処理の約7割が賃貸事業取引」です。

不動産投資は、賃貸物件を「購入・賃貸・売却」するのが一連の流れとなりますが、約7割は賃貸に関する取引です。つまり、それさえ完璧に処理できればいいのです。

例えば、購入から売却まで10年間保有した物件があるとします。その間、物件を賃貸していれば、10年間のうち8年間は賃貸のみです。その8年間は、賃貸の取引さえ決算書に完璧に落とし込めばいいのです。

さらに、「賃貸」部分の会計処理はそんなに複雑ではなく、定型的です。恐れず言うと決まりきった作業の繰り返しなのです！

扱う勘定科目の数は少ないし、「賃貸」だけに限った会計処理はシンプルです。慣れさえすれば、銀行や税務署に対して胸を張って提出できる決算書作成は誰でもできます。

ぶっちゃけて言うと、物件の「購入時」「売却時」の複雑な会計処理が生じる年だけ税理士に決算書・申告書の作成の依頼をすればいいのです。

以上から、本書では「不動産投資の〜」という条件下で、わかりやすく、簡潔に説明することが可能となっています。
「不動産投資の決算書」の作成が、簡単に思えてきたのではないでしょうか？

4-4 決算書作成の流れ
不動産投資の決算書はどうやって作るのか？

KEYPOINT
- 決算書作成は、ひたすら地味で地道な作業の繰り返し
- 年間の会計ソフトへの仕訳入力は1棟あたり200回
- クラウド会計を利用すれば、作業の大幅カットが可能になる

決算書の作成に必要なもの

では、決算書はどうすれば作れるのか？　詳しくは後の章でお話ししますが、「図4-4-1」に決算書を作成するために必要なものをまとめましたのでご覧ください。

図4-4-1 | 決算書の作成のために必要なもの

①PC	一般的なパソコン
②会計ソフト	インストール型会計ソフト（弥生会計、勘定奉行ほか）もしくは、クラウド型会計ソフト（マネーフォワード、Freeeほか）
②入力資料	購入時：貯金通帳、売買契約書、取引精算書等 賃貸時：預金通帳、家賃支払明細書、借入返済予定表、建物の登記簿謄本等 売却時：売買契約書、取引精算書等
④本書の特典である2つのExcelシート	取得価額自動計算シート、耐用年数自動計算シート
③不動産投資に特化した入力知識	会計ソフトの入力方法（各会計ソフトメーカーのサポートデスクの活用）本書の仕訳の作成の手順、及び勘定科目振分の6つの約束の完全理解
④セカンドオピニオンとして税理士の活用	必要に応じ税理士との業務委託契約の締結の検討 物件購入、申告書の作成（個人・法人）、節税対策など

では、決算書作成の具体的な作業を解説していきましょう。

決算書作成は地道な作業の積み重ね

会計ソフトというアプリケーションソフト（一般的には「弥生会計」「勘定奉行」という会計ソフトが有名です）に資料を参考にしながら、一つ一つの取引を記録していきます。すると会計ソフト上に決算書が自動作成されるという流れになります。

具体的に説明しますと、
「家賃が銀行口座入金された」
「賃貸物件の固定資産税をコンビニにて現金で支払った」
といった取引について、次の①～③を取引の数だけ繰り返すという、地道な作業を行うことで作成していきます。

会計ソフトの入力作業の流れ
① 「預金通帳」や「家賃支払明細」または「領収証の帳票」から「取引」をイメージする
② イメージした「取引」を「仕訳」という特殊な形式に変換
③ 「仕訳」を「会計ソフト」に一つひとつ入力

図4-4-2 │ 会計ソフトへの入力具体例

①通帳や領収証から取引をイメージ	②取引から仕訳をイメージする	③イメージした仕訳を会計ソフトに入力
「賃借人Aさんより、4月分家賃75,000円が3/30に普通預金口座に振り込まれた」	→	借方　　　　　　　　貸方 3/30　普通預金　75,000 ／　家賃収入　75,000
「賃貸物件の令和6年度固定資産税第1期分28,600円を5/30にコンビニにてPayPayで支払った」	→	借方　　　　　　　　貸方 5/30　租税公課　28,600 ／　事業主借　28,600

第4章　不動産投資家のための決算書とは？　149

「図4-4-2」が会計ソフトに入力する仕訳の具体例になります。
　③の仕訳を、会計ソフトの所定の入力欄に、

> ①日付
> ②左（借方）に勘定科目（普通預金）
> ③金額（75,000円）
> ④右（貸方）に勘定科目（家賃収入）
> ⑤金額（75,000）

と順に入力して、一つの仕訳入力が完了します。
　①、②の手順までは頭の中でイメージし、最後に③のイメージを会計ソフトに手入力。これを取引の数だけ、一つずつ会計ソフトに入力することで決算書が作成されます。

1棟あたり年間200仕訳が目安

　実際のところ、実務上は「どれくらいの取引」があって、「どれくらいの仕訳」を会計ソフトに入力し、決算書を作っていると思いますか？
　弊所の場合、アパート1棟をお持ちの方で1年間で会計ソフトに手入力した「仕訳」数が平均150〜300、アパート2棟をお持ちの方で均300〜600程度です（いずれも弊所が入力を担当）。平均1棟あたり200仕訳というところでしょうか。
　単純に200仕訳ということは、冒頭の作業を200回繰り返すということになります。要する時間は、習得している簿記の知識の多少、会計ソフトを使い慣れているか、上記①〜②のイメージ想起、③の会計ソフトへ入力のスピードによって個人差が生じます。
　そこで近年、利用者が増えている「クラウド会計」という会計ソフトの出番です。

上記で出てきた「取引」「仕訳」「借方」「貸方」「勘定科目」という用語については次々章の決算書の作り方の章で、詳細に説明します。今は理解できなくても問題ありません。ここでは会計ソフトへの入力がどれだけ手間の掛かるモノか、ということをイメージしていただくために載せた次第です。

「クラウド型会計ソフト」で作業を大幅カットできる

　今までの説明で念頭に置いてきたのは、インストール型会計ソフト（弥生会計や勘定奉行など）です。PCにインストールして使う会計ソフトです。

　これに対して、クラウド型会計ソフト（代表格としてfreeeやマネーフォワードが挙げられます）は、ネット上に会計ソフトが存在しており、その会計ソフトにアクセスして使います。
「どちらの会計ソフトも、入力することに変わりないじゃいか！　手間がかかるのは一緒じゃない？」
　と思われるかもしれませんが、手間は大きく変わります。
　繰り返しになりますが、クラウド型会計ソフトはネット上に会計ソフトが存在します。つまり、ネット上に存在する情報と連携でき、かなりショートカットして「仕訳」をすることが可能なのです。
　ネット上には、ネットバンクの入出金明細やクレジットカードの明細が存在していますよね。それらと連携させるのです。
「図4-4-3」をご覧ください。両会計ソフトの違いがご理解頂けると思います。
　ただし、すべての取引がクラウド型会計ソフトと連携が取れる訳ではなく、対応しているサービスに限られます。インストール型会計ソフトと同様、「仕訳」の手入力が必要な場面も出てきてしまいますが、従来

と比べたら、比較にならないほど、手間は減ります。

図4-4-3 | ネット情報と連携して入力の手間を大幅カット!

インストール型会計ソフト	クラウド型会計ソフト
① 預金通帳を目視し「取引」をイメージ ② 「取引」から「仕訳」をイメージ ③ 「仕訳」を会計ソフトに手入力	① 銀行口座と会計ソフトを連携する ② なし ③ 「仕訳」が会計ソフトに生成される
1年間の全取引を仕訳化し、 手入力する必要がある	自動生成された仕訳で 手入力を大幅減!

4-5 自作決算書の落とし穴
中途半端な知識で決算書を作ると、思わぬ失敗も

KEYPOINT
- 会計ソフトを使えば、誰でも「決算書のようなモノ」は作れる
- 税務署も金融機関も出来損ないの決算書は簡単に見抜く
- 支払うべき税金をきちんと支払うことが、金融機関の評価につながる

自己流の決算書がもたらす大きな落とし穴

　ある程度の簿記・会計の知識と入力経験がつけば、そう労力をかけなくても、決算書の作成は可能です。

　問題は、簿記・会計の知識はわずかであっても、力技でインストール型会計ソフトに仕訳手入力、またはクラウド型会計ソフトでネット上の情報連携で作成した仕訳により、なんとか作成した決算書です。会計ソフトのメリットでもあるのですが、何となく素人目には立派な決算書が出来上がります。

　ただそこで出来上がった簿記・会計の知識が浅い「決算書」は不完全になりがちです。

　「決算書」の形をした「決算書のようなモノ」といえるでしょう。

　ものすごく怖い例えでいえば、「自動車」の形をした「ただの箱」といえます。不完全な「自動車」は、もしかしたら大きな事故を生じさせてしまう何らかの原因が潜んでいるかもしれません。その原因が何かは実際に事故が起きた後でないと、皆目見当がつかないのが恐ろしいところです。

たとえば、かつて私のもとにご相談にきた方では、下記のような方がいらっしゃいました。

> 「物件購入時の仲介手数料を費用化してしまった」
> →税務署から指摘され、追徴課税を支払うことに（仲介手数料は費用とはできず、資産の取得価額に含めなければならない）。
>
> 「土地も含めて、減価償却費を計上してしまった」
> →税務署から指摘され、追徴課税を支払うことに（減価償却の対象は建物のみ）。
>
> 「借入金返済の支払金額全額を借入元本の減少にしてしまった」
> →金融機関からの指摘で発覚、信用を損なう（借入元本減少分と支払利息で分けるべきだった）
>
> 「決算書に減価償却費が計上されていない」
> →金融機関からの指摘で発覚、信用を損なう（賃貸物件を所有しているなら、減価償却費が計上されているのが通常）。

このように、不完全な決算書が原因で、税務署に余計な税金を払うはめになったり、金融機関からの信用を失ってしまうことになりかねないのです。

本書を読んでいる皆さんはご安心ください。そうならないように、本書では、税理士としてきちんと抑えるべきポイントを抑えた解説をしています。

税務署と金融機関の指摘はなぜ異なるのか？

　税務署と金融機関の指摘事項が異なっていることに違和感を覚えた方もいらっしゃるのではないでしょうか？　指摘事項がダブってないほうがおかしいのでないかと。

　これは立場の違いから致し方ないことです。

　税務署は基本的に「もっと税金が取れないか」という点から指摘します。本来経費に計上できないモノが経費として計上されている。これを指摘し正しい申告をしてもらうことで「もっと税金が取れる」のです。

　一方、金融機関は「貸したお金が本当に返ってくるか」という点から指摘します。だから、本来経費として計上してもいい支払利息、経費として計上すべきである減価償却費の計上がされてないという指摘をします。

　このような指摘を税務署はしないでしょう。経費にできるモノを経費にしていないという指摘をすれば、「もっと税金が取れる」ではなく「すでに支払ってもらっている税金を戻す」ことになってしまうからです。

　税務署は、「もっと税金がとれるかもしれない→本当は利益がもっと多いかもしれない→本当はもっと売上が多いかもしれない」ないしは「費用がもっと少ないかもしれない→損益項目について記されている損益計算書に注目！」という傾向があります。税務署は損益計算書に注目しているともいえるでしょう。

　金融機関は「貸したお金をキチンと返してもらえるか？」「これから先、新たに物件購入のための貸付をしてもよいか？」という視点から、「現在（期末時点）どれだけの財産・債務があるか？」をあらわす貸借対照表のほうに注目します。

> **税務署と金融機関の指摘の違い**
>
> 税務署
> 「もっと税金が取れないか」という視点から指摘する。
>
> 金融機関
> 「貸したお金が本当に返ってくるか」という視点から指摘する。

　ちょっとだけ話は脇道にそれますが、10数年前までは経費をなるべく多く計上し、より多くの損失を計上して、できるだけ税金を支払わないような申告しよう！　という風潮がありました。今でも、そのような風潮があることはあるのですが、不動産投資に限っては違います。節税に走るよりも、将来の物件取得のために少しでも利益を出して、税金を支払って、金融機関に対する印象を良くしたいという流れに変ってきたように強く感じます。

　おそらく、ここまで読んだ多くの方が、決算書を作らなきゃいけないのはわかったし、会計ソフトを入力して決算書を作るのも理解した。ただ、

・簿記3級取得のための学習時間はない
・なによりも面倒くさそう
・何とか楽して、完璧な決算書をつくりたい
・税務署からも金融機関からも文句のでない決算書を作りたい

と思っているのではないでしょうか。
　ご安心ください。その為にこの本が存在しているといっても過言では

ありません。
　次章からは、

・決算書の基本的な仕組み
・決算書の作り方を一から説明
・税務署または金融機関に納得してもらえる決算書の作り方

　の説明を通して、自力で決算書を「作る能力」を身につけることできる構成にしています。
　当然、ある程度、専門的な内容にはなるので、難しい内容もありますが、これまで不動産投資家の方に説明する中で掴んだ「これなら伝わる」という方法で解説するようにしています。

第4章 まとめ

▦ 不動産投資家は決算書について
　　税務署と金融機関に説明できる知識が必要

- 不動産投資の決算書は「損益計算書」と「貸借対照表」の2つ
- 不動産投資家は、自分で「納税の申告」をしなければならない
- 決算書の作成は税理士に一任できる時代ではない
- 金融機関は「投資家が財務状況を語れるか」を見ている

▦ 「不動産投資の決算書」は
　　勘定項目が少なく、最も作りやすい決算書

- 不動産投資の決算書は、他の決算書よりも簡単に作成可能
- 100ある勘定科目のうち、使うのは35項目程度
- 決算書作成のうち、ほとんどが賃貸時の会計処理

▦ 不動産投資の決算書は会計ソフトで作ろう

- 決算書作成は、ひたすら地味で地道な作業の繰り返し
- 年間の会計ソフトへの仕訳入力は1棟あたり200回
- クラウド会計を利用すれば、作業の大幅カットが可能になる
- 会計ソフトを使えば、誰でも「決算書のようなモノ」は作れる
- 税務署も金融機関も出来損ないの決算書は簡単に見抜く
- 支払うべき税金をきちんと支払うことが、金融機関の評価につながる

第 5 章

「不動産投資の決算書」の仕組み

　「不動産投資の決算書」は他の事業の決算書に比べて、とても理解がしやすく、また作成がしやすい構造になっています。一方で、他の事業と同様に、守らなければならない原則もいくつかあります。ここでは「不動産投資の決算書」に特化して、具体的にどのようなルールを守らなければならないのか解説していきます。

5-1 決算書の記載内容
決算書には何が書いてあるのか？

KEYPOINT
- 損益計算書には、「収益、費用、利益」が記載されている
- 貸借対照表には、「資産、負債、純資産」が記載されている
- 「収益、費用、資産、負債」の関係を知ると決算書の大枠を理解できる

損益計算書・貸借対照表に書かれていること

決算書は「損益計算書」と「貸借対照表」の2つの書類で構成されます。

> **損益計算書**
> 計算対象期間中における、①すべての収益と、②すべての費用、③利益（または損失／①－②）の3項目が記載されます。
>
> **貸借対照表**
> 計算対象期間の末日における④すべての資産、⑤すべての負債、⑥純資産（④－⑤）が記載されます。

ここでは、わかりやすくイメージしてもらうために、「決算書」（損益計算書・貸借対照表）を【木】に例えて表現してみます。

> 「損益計算書」「貸借対照表」という【木】に「収益」「費用」「資産」「負債」という名の【幹】が伸びていて、その【幹】に「勘定科目」という【果実】がぶら下がっている。

図5-1-1 | 一般的な不動産投資の損益計算書と貸借対照表

【木】 損益計算書
令和6年1月1日～12月31日

【幹】	【果実】勘定科目
②費用	租税公課
	損害保険料
	修繕費
	減価償却費
	借入金利子
	外注管理費
	広告宣伝費
	その他経費
	② 費用 計
③当期利益（又は損失）①－②	

【幹】	【果実】勘定科目
①収益	家賃収入
	更新料
	礼金
	その他の収入
	① 収益 計

【木】 貸借対照表
令和6年12月31日現在

【幹】	【果実】勘定科目
④資産	普通預金
	建物
	土地
	長期前払費用
	事業主貸
	④資産 計

【幹】	【果実】勘定科目
⑤負債	未払金
	預り敷金
	預り金
	役員借入金
	長期借入金
	事業主借
	⑤負債 計
	⑥純資産 ④－⑤ 【③当期利益】
	⑤負債＋⑥純資産 計

※説明の簡略化のため、税金については考慮しないこととします。

それでは「損益計算書」と「貸借対照表」という【木】に、どの「収益」「費用」「資産」「負債」が【幹】として伸びているのか？　その【幹】には、どのような「勘定科目」という【果実】がぶら下がっているのか？　を説明していきましょう。

　まずは【幹】となる4つの「収益」「費用」「資産」「負債」の意味について説明し、続けて【果実】である「勘定科目」の意味について説明します。これらが理解できると、損益計算書や貸借対照表に何が表現されているのかが理解しやすいからです。まずは「収益」「費用」「資産」「負債」4つをひとつずつ、見ていきましょう。

「収益」とは、貰うことが決まった金額

　「収益」とは、簡単にいうと「売上」です。「売上＝収益」という認識で問題ありません。計算対象期間における、すべての「売上」が「収益」です。

　八百屋さんだったら野菜や果物を売って得たお金、不動産賃貸業であれば所有しているアパートの賃借人から家賃として貰ったお金、が「収益」です。また、未だ貰ってはいないけれど、将来貰えるであろう金額も含まれます。

　そこで「収益」を次のように定義します。

> **収益**
> 計算対象期間中に貰った、貰うことが決まった金額のこと。

　貰った金額を「収益」としてカウントするのは納得できるでしょう。
　しかし、未だ貰っていないにもかかわらず、計算対象期間中に貰うことが決まっているのなら、その期中の「収益」に計上しなければならないというのは少々納得いかないかもしれません。
　具体例を挙げて説明しましょう。

個人で区分マンション1室を所有しており、12月分の家賃を翌月1月10日に貰う契約だった場合。個人の計算対象期間の最後月の12月末日時点に「貰ってはいないが、貰うことは決まっている」ので、「収益」として「家賃収入」という勘定科目で計上されることになるのです。
　これは「権利確定主義」という税法上の原則のためで、「貰うことが決まった時点」で「収益」としなければいけない、というルールと無理やり納得してください。
　法人の場合、「売上」のほかに、本業以外から得た、及び得ることが決まっている金額も「収益」に含まれます（例えば、保有している株の配当金、普通預金利息など）。

「費用」とは、収益を得るための金額

　一般的に「収益」が「貰うイメージ」だとすると「費用」は「払うイメージ」があるのではないでしょうか。
　例えば、
「普通預金からアパートの水道光熱費が引き落された」
「コンビニで固定資産税をPayPayで支払った」
　という2つの取引は、それぞれ「水道光熱費」「租税公課」という勘定科目で「費用」にグルーピングされます（支出した普通預金、PayPayのお金の処理については後々、説明します）。
　ただし、すべての支出が「費用」としてグルーピングされる訳ではありません（支出の80％が上記のように「費用」として処理にすることになります）。
「費用」には、お金を支出しても「費用」にはならないモノがあり、逆にお金は支出していなくても「費用」となるモノがあります。
　なぜでしょうか？　ここで「費用」を次のように定義します。

> **費用**
> 計算対象期間中に生じた「収益」を得るために「かかった金額」のこと。

　この「かかった金額」とは、計算対象期間において計上した「収益」に期間対応する金額のことをいいます。必ずしも払った（支出した）金額でないことに注意してください。
　具体的な例で説明したほうがわかりやすいですね。

図5-1-2 |「費用」の具体例

①実際に支出して「費用」となる場合
（個人／計算対象期間＝令和6年1月1日～12月31日）
・令和6年6月分の外注管理費3,000円が令和6年6月30日に普通預金口座から引き落とされた。

令和6年度に【かかった金額】として「費用」3,000円を計上する。

②実際に支出したが「費用」とならない場合
（個人／計算対象期間＝令和6年1月1日～12月31日）
・令和6年1月1日～令和11年12月31日（5年間分）の地震保険料50,000円を令和6年2月10日に現金で支払った

令和6年度に【かかった金額】として50,000円の内、10,000円（50,000円×1年間/5年間＝10,000円）を「費用」として計上する。
40,000円（50,000円×4年間/5年間＝40,000円）は次の計算対象期間以降に「収益」に対応する「費用」として計上するため当期は「費用」としない。

③実際に支出していないが「費用」となる場合
（個人／計算対象期間＝令和6年1月1日～12月31日）
・令和6年12月分の管理・修繕積立金7,000円が令和7年1/10に普通預金から引き落とされた。

計算対象期間（令和6年1月1日～12月31日）において支払っていないが令和6年12月分の「収益」（家賃収入）に対応するので、支出はしていないが「費用」として計上する。

　「費用」の多くは、1例目のように、実際の支出額が「費用」となります（取引の80～90％はこのパターンです）。
　素朴な疑問として、支出したけれど「費用」にならない金額（2例目

の50,000円の内40,000円）は、どこにグルーピングされるの？　と思ったのではないでしょうか。実際、現金は支出してるのに！　と。
「資産」に「長期前払費用」という勘定科目で計上されます。この場合、支出した50,000円の内40,000円は、「令和7年以降の収益に対応する費用」と考え、翌計算対象期間に払うべき「費用」を前払いしたと考えます。

また、当期は支出せずに「費用」としたのはいいけれど、翌年1月10日に普通預金から引き落とされる際、「費用」としてしまうと「費用」が二重計上されることになるんじゃない？　と、思われた方もいるでしょう。

①令和6年12月には支払っていない管理・修繕積立金7,000円は、先ほどの「預り敷金」同様、「負債」という区分に「未払金」という勘定科目で計上されます。物件購入の際に銀行から借り入れた借入金と同じで、同様、翌計算対象期間以降には必ず支払わなければならないモノという認識です。

②翌期の計算対象期間に属する令和7年1/10の引き落し時には、銀行から引き落とされる「借入金」の返済のように、「未払金」の返済として計上します。

ここら辺りは今すべて腑に落ちなくても、次項以降、改めて説明するので、そこで理解頂けると思います。今は、少しの疑問を胸に抱えたまま、読み進めてください。

「資産」とは、賃貸業に限定した財産

「資産」と似た言葉で「財産」という言葉があります。ちょっと乱暴ですが、「資産」とは皆さんがイメージする「財産」とほぼ同じと考えて差し支えありません。

「現金」「普通預金」「住宅ローンで購入した自宅」「毎月10,000円積み立てている投資信託」が頭に浮かぶと思います。「資産」も同様のイメージです。

不動産投資における「資産」とは、「個人で営んでいる賃貸業に限定した財産」です。

個人の名義で購入した賃貸物件の建物、土地も、賃貸業に限定した「財産」ということができます。法人の場合は法人名義の普通預金口座、法人で購入した賃貸物件の建物・土地が該当します。

本書では、「資産」を次のように定義します。

> **資産**
> 事業独自の「現金及び預金」＋「賃貸用建物・土地・未収賃貸料・長期前払費用」（現金及び預金を増加させる基因）のこと。

「負債」とは、返済しなければならない金額

「負債」とは、「借入金」に代表されるように「返済しなければならない金額」をいいます。自宅の住宅ローンがまさにそれです。

不動産賃貸業の「負債」の代表格はやはり、物件を購入するために金融機関から借りた「借入金」でしょう

ここで、「負債」を定義します。

> **負債**
> 賃貸事業を営む個人（法人を含む）が「返さなければいけない金額」のこと。

5-2 仕訳と勘定科目
「仕訳と勘定科目」を覚えれば決算書は作れる

KEYPOINT
- 勘定科目とは、取引をひと目でわかるように言葉にしたもの
- 勘定科目には科目毎に「定められたポジション」がある
- 勘定科目の左右への仕訳はポジションで判断する

勘定科目とは、取引を簡略化した言葉

「勘定科目」とは、「仕訳」を構成するものの一つです。

ここまでも、ちょこちょこ「勘定科目」が登場して皆さんを混乱させてしまったかもしれませんが、ここで「勘定科目」がどういうものかをきちんと説明します。

それぞれ、下記の「取引」をイメージします。

(1) 普通預金の通帳から
　「4月分家賃75,000円が3/30に普通預金に入金された」
(2) 領収済納付書から
　「5/30に固定資産税28,600円をPayPayで支払った」

具体的には、「図5-2-1」のように一つの取引について、❶~❸の3要素を読みとります。

「❶日付」と「❷金額」は、普通預金の通帳、固定資産税の領収済納付書に必ず記載されているので、読み取ることは容易でしょう。問題は

図5-2-1 | 取引の3要素

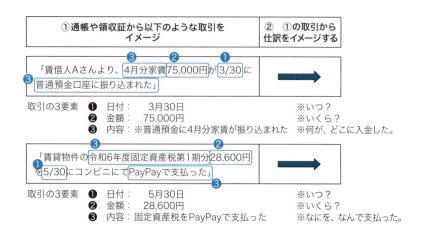

「❸内容」です。多くの人がつまずきます。

決算書では、「家賃が普通預金に」「固定資産税をPayPayから」と記載することはできません。代わりに使うのが、「勘定科目」です。ここで、定義しておきます。

> **勘定科目**
> ひと目で取引内容を把握できるよう、簡略化して表現した単語（科目）のこと。

上記の例から「勘定科目」を説明していきます。
「4月分家賃が」が「家賃収入」という勘定科目に、「普通預金に」が「普通預金」という勘定科目に変換されました。
「固定資産税を」が「租税公課」という勘定科目に、「PayPayで」が「事業主借」という勘定科目に変換されました。

租税公課とは、①国や地方に収める税金（租税）、②公共団体などに納める会費や罰金など（公課）があった際に使う勘定科目です。不動産投

図5-2-2 | 勘定科目の具体例

※一つの取引内容で最低2個の勘定科目が発生する

資に関係する租税には「図5-2-3」のようなものがあります。

図5-2-3 | 租税公課とは？

租税	不動産取得税	収益物件を購入した際に自治体に支払う税金です。
	固定資産税	その年1月1日に収益物件を所有しているという事実を根拠として自治体に支払う税金です。
	印紙代	物件購入・売却の際の売買契約書に添付される印紙代です。
	事業税	利益が生じた年（1〜12月）利益に応じて自治体に支払う税金です。
公課	納税証明 登記簿謄本手数料等	物件購入時や融資を受ける際に提出する証明書発行手数料です。
	延滞税 不納付加算税 印紙過怠税等	期限通りに税金を納めなかった場合のペナルティになります。

「事業主借」は「賃貸事業で支払うべき支出を、事業主である皆さんから借りて支払った」という意味の勘定科目です。

「PayPay」はQRコードを読み取って決済できる便利なシステムです。最近では、固定資産税の納付を「PayPay」でする不動産投資家さんが増えています。

とはいえ「PayPay」は、日常生活で飲食代、洋服代など私的に使う

場合がほとんどでしょう。

　不動産賃貸に関する決済をした場合は、賃貸事業に関する支出（決算書に記載されるべき内容）を皆さんが個人のおサイフ（PayPay）から立て替えた、すなわち不動産事業に貸し付けたということになります。

　ここでは、「勘定科目」の内容説明はこの２つの具体例にとどめます。
　改めて最終形の仕訳例を再掲しておきます。

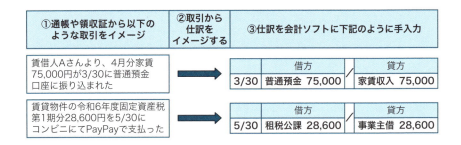

図5-2-4 | 会計ソフトへの入力具体例

　勘定科目に変換したあとは、③のように一行一行、会計ソフトに入力していきます。

　上記、仕訳において普通預金や家賃収入、租税公課や事業主借という勘定科目が左右に分かれて記載されています。ここが仕訳のキモになります。

　どの勘定科目を左に記載するか？　右に記載するか？　については、約束事がいくつかあります。議は、次項で、賃貸業でよく使われる「勘定科目」と一緒に解説します。

　ここでは、今までの説明を踏まえて、

> 「損益計算書」や「貸借対照表」という【木】に「収益」「費用」「資産」「負債」のいう名の【幹】が伸びていて、その【幹】に、「勘定科目」という【果実】が、ぶら下がっているイメージ。

　という漠然としたイメージを、より具体的にイメージしてもらうために、2つの【木】（損益計算書・貸借対照表）には、どの【幹】（「収益」「費用」「資産」「負債」）が伸びるのか？　これらの【幹】には、どの【果実】（勘定科目）が、ぶら下がるのかの説明を付け加えていきます。
　「図5-2-5」が一般的な不動投資における決算書になります。

図5-2-5 │ 不動産投資の一般的な損益計算書と貸借対照表

貸借対照表　令和6年12月31日現在

④資産	【果実】勘定科目	⑤負債	【果実】勘定科目
	普通預金		未払金
	建物		預り敷金
	土地		預り金
	長期前払費用		役員借入金
	事業主貸		長期借入金
			事業主借
			⑤負債　計
		⑥純資産　④-⑤ 【③当期利益】	
④資産　計		⑤負債＋⑥純資産　計	

損益計算書　令和6年1月1日～12月31日

②費用	【果実】勘定科目	①収益	【果実】勘定科目
	租税公課		家賃収入
	損害保険料		更新料
	修繕費		礼金
	減価償却費		その他の収入
	借入金利子		
	外注管理費		
	広告宣伝費		
	その他経費		
	②　費用　計		
③当期利益（又は損失）①－②		①　収益　計	

○損益計算書の③の当期利益は、貸借対照表中の⑥の純資産に含まれます。

　上記①～③の部分が損益計算書であらわされ、④～⑥が貸借対照表であらわされます。
　勘定科目は、それぞれ「①収益」「②費用」「④資産」「⑤負債」にぶら下がります（「③利益」、「⑥純資産」はそれぞれ①と②の差額、④と⑤の差額で表現されます）。

不動産賃貸業の損益計算書の構成

続いては、損益計算書の構成と、それを構成する勘定科目を見ていきましょう。

図5-2-6 | 一般的な不動産投資の損益計算書

【木】 損益計算書
令和6年1月1日～12月31日

【幹】	【果実】勘定科目		【幹】	【果実】勘定科目
②費用	租税公課		①収益	家賃収入
	損害保険料			更新料
	修繕費			礼金
	減価償却費			その他の収入
	借入金利子			
	外注管理費			
	広告宣伝費			
	その他経費			
	② 費 用 計			
③当期利益（又は損失）①－②				① 収 益 計

※説明の簡略化のため、税金については考慮しないこととします。

勘定科目は、「①収益」か「②費用」に属し、①から②を差し引いた金額が「③利益（または損失）」として表現されます。

不動産賃貸業では、物件の購入及び賃貸時には、ここに掲げた「勘定科目」を押さえておけば決算書がつくれます。

「図5-2-7」に、どういった取引の際に、どの勘定科目を使うか、代表的な例を挙げます。ほぼこれで、不動産賃貸業（購入時、賃貸時）には対応できるはずです。

実際に仕訳を会計ソフトに入力する際は、このページを開いておくか、コピーを見ながら仕訳を会計ソフトに入力するとよいでしょう。

繰り返しになりますが、売却は数年に一回、10年に一回、もしかしたら何十年に一回生じるかどうかというものです。今すぐに必要になることはないでしょう。

図5-2-7｜不動産賃貸業における勘定科目「損益計算書」の内容

① 収益に属する勘定科目

家賃収入	物件を賃貸することによって得られる収入に使う勘定科目。
更新料	再度、賃貸借契約を締結する際に受け取る更新料に使う勘定科目。
礼金	賃貸借契約を締結する際に受け取る礼金に使う勘定科目。
その他の収入	上記以外の不動産賃貸事業に係る収入に使う勘定科目。 賃貸借契約が途中解約された場合に発生する違約金など。

② 費用に属する勘定科目

租税公課	国や地方自治体へ収める税金・罰金などに使う勘定科目。 詳しくは「図5-2-3」を参照。
損害保険料	火災・地震が発生した場合に備えて、賃貸物件に対して支払う保険料に使う勘定科目。
修繕費	経年劣化などで修理が必要になった際の修理代に使う勘定科目。
減価償却費	建物の経年劣化分を数値で捉えて費用化する際に使う勘定科目。 詳しくは、「決算書の作り方」の章で解説。
借入金利子	金融機関から借りた借入金の利子である「支払利息相当額」に使う勘定科目。
外注管理費	不動産管理会社に各種業務を委託した際に発生する手数料に使う勘定科目。 家賃の回収、物件の維持管理業務など。
広告宣伝費	賃借人を募集するために、不動産業者に支払う手数料に使う勘定科目。
その他経費	収益を得るためにかかった上記以外の費用に使う勘定科目。 物件を清掃するための清掃道具代、管理会社へのお礼（打合せ飲食代）、物件までの旅費交通費など。

上記に掲げた勘定科目を理解しておけば、通常年（法人の場合、通常年度）の決算書の作成は対応可能です。

不動産賃貸業の貸借対照表の構成

貸借対照表については、「図5-2-8」のようになります。

貸借対照表には、計算対象期間の末日現在の勘定科目及び勘定科目残高が記載されます。

例えば「普通預金」を例にとると、個人だったら1月1日〜12月31日までの間に生じる取引によって増減が繰り返され、「貸借対照表」の「資産」の中に、12月31日の普通預金の残高が「普通預金　100,000円」などと記載されます。

図5-2-8 │ 一般的な不動産投資の貸借対照表

```
          【木】 貸借対照表
         令和6年12月31日現在
```

	【果実】勘定科目		【果実】勘定科目
【幹】④資産	普通預金	【幹】⑤負債	未払金
	建物		預り敷金
	土地		預り金
	長期前払費用		役員借入金
	事業主貸		長期借入金
			事業主借
			⑤負債 計
		⑥純資産 ④-⑤ 【③当期利益】	
	④資産 計	⑤負債+⑥純資産 計	

※説明の簡略化のため、税金については考慮しないこととします。

　貸借対照表のほうが、損益計算書よりも、身近な勘定科目が設定されているので理解しやすいでしょう。

　「図5-2-9」に、貸借対照表に記載される勘定科目の内容を、代表的な例を挙げながら説明します。ほぼこれで、不動産賃貸業（購入時、賃貸時）には対応できるはずです。

勘定科目には「定められたポジション」がある

　ここまで見てきたように、「勘定科目」には損益計算書、貸借対照表上において「定められたポジション」があります。これが大きなポイントです。

> **定められたポジション**
> 勘定科目及び金額は、損益計算書、貸借対照表という名の、どちらかの【木】から伸びている「収益」「費用」「資産」「負債」の中のいずれかの【幹】の先の「定められたポジション」に【果実】としてぶら下がる。

図5-2-9 | 不動産賃貸業における勘定科目「貸借対照表」の内容

④ 資産に属する勘定科目

普通預金	普通預金の入出金などで使う勘定科目。 家賃の入金や金融機関への借入金の返済、各種振込等。基本、通帳の内容と一致しなければいけない。
建物	建物の簿価に使う勘定科目。賃貸後は毎期、取得価額から減価償却費を控除した残額となる。 売却時の売却額となる「売却原価」という役割も持つ。
土地	建物が建っている自己所有の土地に使う勘定科目。 また、土地として賃貸（駐車場等）している自己所有の土地にも使う。
長期前払費用	賃貸用物件に対して支払った火災・地震保険料の内、まだ保険期間が先の保険料に使う勘定科目。 「費用」という名から損益計算書の費用と間違いやすいので注意が必要。
事業主貸	賃貸事業から賃貸事業を営む個人に対する「賃貸事業以外の貸付金」に使う勘定科目。 普通預金口座からの生活用クレジットカードの引落、PayPayへの入金など。

⑤ 負債に属する勘定科目

未払金	費用のうち、計算対象期間内に現金支出がない費用に使う勘定科目。 その年の1月1日の所有物件の固定資産税など。
預り敷金	物件を賃貸する際、賃借人から預かる敷金に使う勘定科目。 賃料の不払いや原状回復費用の未払い等の担保として無利息で預る。 賃借人退去時には返金しなければいけない金額のため債務。
預り金	本来支払うべきお金を、一時的に保管している場合に使う勘定科目。 法人が物件を購入した際、司法書士に代わって税務署に支払う源泉所得税など。
役員借入金	法人の役員が、法人が支払うべき費用を法人に変わって立て替えた場合に使う勘定科目。 法人設立時および物件購入時には役員個人の立替金が多額になる傾向にある。
長期借入金	金融機関の借入金に使う勘定科目。 金融機関からの借入金は通常15年や30年と長期間にわたります。
事業主借	賃貸事業が支払うべき費用を、個人が立て替えた場合に使う勘定科目。 上記の法人の「役員借入金」の個人版。 賃貸事業を営む個人が、同じ個人から物件購入等で借り入れた場合にも使う。

例えば、普通預金という「勘定科目」は、次のように言えます。
・【木】「貸借対照表」
・【幹】「資産」
・【果実】「普通預金」（定められたポジション）

この勘定科目の「定められたポジション」を覚えていると、決算書の作成も容易になりますし、この後の章の決算書の分析においても深い理解が得られます。

決算書の構成を丸暗記しよう！

仕訳では、金額の増減によって勘定科目が左右どちらかに分かれます。
ここで問題となるのは、「どの勘定科目を左、または右に記載するか」でしょう。
これには、6つの約束があります。
この6つの約束を理解するためには、各勘定科目の「定められたポジション」を丸暗記してしまうというのが早道です。損益計算書と貸借対照表と①～⑥の区分、各勘定科目を丸暗記してしまうのです。
「図5-2-10」は先程から文章中にでてきている不動産投資の一般的な損益計算書と貸借対照表です。
勘定科目の順番まで覚える必要はありませんが、各々の勘定科目が、「収益」「費用」「資産」「負債」のいずれに属して、「損益計算書」「貸借対照表」のどちらに属するか瞬時に判断でてくるくらいに暗記できるとよいでしょう。後々の仕訳作成が楽になります。
なぜかというと、このポジションを起点に勘定科目を左右に振り分けることになるからです。
では、一番のキモとなる重要6つの約束をお伝えします。

図5-2-10 | 損益計算書と貸借対照表中の勘定科目

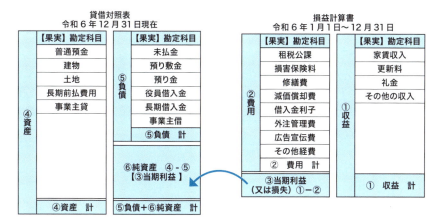

○損益計算書の③の当期利益は、貸借対照表中の⑥の純資産に含まれます。

勘定科目を左右に分けるための6つの約束

1 資産が増えたとき、「資産の勘定科目」は左（借方）
2 資産が減ったとき、「資産の勘定科目」は右（貸方）
3 負債が増えたとき、「負債の勘定科目」は右（貸方）
4 負債が減ったとき、「負債の勘定科目」は左（借方）
5 収益が発生したとき、「収益の勘定科目」は右（貸方）
6 費用が発生したとき、「収益の勘定科目」は左（借方）

簿記用語では、左側を借方、右側を貸方と表現します。簿記の知識がないと馴れないかもしれませんが、カッコ書きで載せてあります。会計ソフトもこの書き方なので、徐々に馴れていきましょう。

具体例で、勘定項目の左右の仕訳をやっていきましょう。

ケース1）
3月30日に賃貸人Aさんより、家賃収入75,000円が普通預金に振

り込まれた。

上記取引を仕訳します。
❶日付は、3月30日
❷金額は、75,000円
❸普通預金という資産が増加し、家賃収入という収益が発生した。

ということになります。❶と❷については問題ないでしょう。❸の普通預金と家賃収入という勘定科目を左右（借方、貸方）どちらかに振り分けるかが問題です。

普通預金は「資産の増加」なので、勘定科目は左に配置です。
家賃収入は「収益の発生」なので、勘定科目は右に配置です。
結果的には次の仕訳を生成することになります。

3/30　普通預金　75,000円／家賃収入　75,000円　Aさん家賃

もう一つ、具体例をあげましょう。

ケース2）
5月31日にC銀行の普通預金から毎月の借入金返済額200,000円（うち元本返済額170,000円、利息支払額30,000円）が引き落とされた。

上記取引を仕訳にします。
❶日付は、5月31日
❷金額は、200,000円（うち元本返済額170,000円、利息支払額30,000円）
❸普通預金という資産が減少し、長期借入金という負債が減少し、

> 借入金利子という費用が発生した。

ということになります。❶と❷については問題ないでしょう。❸の普通預金と長期借入金、借入金利子という勘定科目を左右（借方、貸方）どちらかに振り分けるかが問題です。

普通預金は「資産の減少」なので、今度は勘定科目は右に位置します。

長期借入金は「負債の減少」なので、勘定科目は左に位置します。借入金利子は「費用の発生」なので、勘定科目は左に位置します。

結果的に、次の仕訳を生成することになります。

```
5/31   長期借入金   170,000円 ／ 普通預金   170,000円   返済
 〃    借入金利子    30,000円 ／ 普通預金    30,000円   利息
```

普通預金は資産ですから、貸借対照表の普通預金の金額が減少します。長期借入金は負債ですから、貸借対照表の長期借入金の金額が減少します。また、借入金利子は費用ですから、損益計算書の借入金利子が発生します。

いかがでしょうか？　法則が分かれば勘定科目の左右（借方、貸方）の振り分けも難しくないと思います。

第5章 まとめ

決算書には何が書いてあるのか？

- 損益計算書には、「収益、費用、利益」が記載されている
- 貸借対照表には、「資産、負債、純資産」が記載されている
- 「収益、費用、資産、負債」の関係を知ると決算書の大枠を理解できる

「仕訳と勘定科目」を覚えれば決算書は作れる

- 勘定科目とは、取引をひと目でわかるように言葉にしたもの
- 勘定科目には科目毎に「定められたポジション」がある
- 勘定科目の左右への仕訳はポジションで判断する

第 **6** 章

「不動産投資の決算書」を作る

　本章では、本格的に会計や簿記を学んだことがない不動産投資家に向けて、できるだけ分かりやすく、また実用的に、不動産投資というポイントに絞って、決算書の作り方を解説していきます。
　「決算書を読む」ことを目的とした一般の人向けの本は多くあります。一方で、決算書の作り方となると、簿記や税理士、会計士などある程度、知識のある人を対象にした本がほとんどなのではないでしょうか。
　ここまでご説明の通り、不動産投資は投資といいつつ、経営的要素が多く、必然、決算書を作れるだけの知識があるのが望ましいのです。ぜひ決算書を読めるだけでなく、作り、語れるレベルまで到達してください。

6-1 不動産投資の仕訳
不動産投資では、10の仕訳パターンを覚えよう

KEYPOINT
・不動産投資の取引の仕訳は、10パターンに大別できる
・取引内容に応じて、10パターンの仕訳に組み替える
・会計ソフトに加え、Excelシートを使い効率的に仕訳していく

不動産投資家のための10の黄金の仕訳パターン

　本章では、物件購入、賃貸、売却から生じた取引を「仕訳」という簿記・会計独特の形式に変換し、その「仕訳」を会計ソフトに入力することにより決算書を作成します。

　不動産投資の場合、3つのフェーズ（購入・賃貸・売却）が取引のすべてといえます（不動産投資以外の事業の場合、商品売却、商品仕入、手数料収入等の取引が、製造業の場合はこれに加え、部品仕入、製品製造に係るあらゆるコストも網羅しなければならないので、その取引数は膨大にならざるを得ません）。

　その取引形態は限定的であり、定型的です。ということは、その取引から導かれる「仕訳」も限定的であるし、定型的なのです。つまり、パターン化できるのです。

　それが次に掲げる「10の仕訳パターン」です。

物件を買った際の仕訳

①物件購入のための借り入れ

【借方】普通預金　○○○円　／　【貸方】借入金　○○○円

②物件購入

【借方】建物　○○○円　／　【貸方】普通預金　○○○円

【借方】土地　○○○円　／

③火災・地震保険料の支払い

【借方】長期前払費用　○○○円　／　【貸方】普通預金　○○○円
　　　　又は　事業主借（法人の場合　役員借入金）

物件を賃貸している際の仕訳

④賃貸料の受け取り

【借方】普通預金　○○○円　／　【貸方】家賃収入　○○○円

⑤費用の支払い

【借方】経費　○○○円　／　【貸方】普通預金　○○○円

【借方】経費　○○○円　／　【貸方】事業主借　○○○円
　（法人の場合　役員借入金）

⑥借入金の返済

【借方】借入金　○○○円　／　【貸方】普通預金　○○○円

【借方】支払利息　○○○円　／　【貸方】普通預金　○○○円

⑦減価償却費の計上

【借方】減価償却費　○○○円　／　【貸方】建物　○○○円

⑧火災・地震保険料の振替

【借方】損害保険料　○○○円　／　【貸方】長期前払費用　○○○円

> **物件を売却した際の仕訳**
> ⑨物件売却して利益が出た場合
> 【借方】普通預金　〇〇〇円　／【貸方】建物　〇〇〇円
> 　　　　　　　　　　　　　　／【貸方】土地　〇〇〇円
> 　　　　　　　　　　　　　　／【貸方】固定資産売却益〇〇〇円
> ⑩物件売却して損失が出た場合
> 【借方】普通預金　　　〇〇〇円　／【貸方】建物　〇〇〇円
> 【借方】固定資産売却損〇〇〇円　／【貸方】土地　〇〇〇円

　上記では、3つのフェーズにおける必須の仕訳を掲げています。この主たる仕訳と、他のフェーズの仕訳パターンを組み合わせて、各取引を仕訳に変換していきます。

　例として、「物件を売却した際の取引」で説明します。
　物件売却時には、「物件を売却した際の仕訳」（⑨）が必須の仕訳として生成されます（物件売却して利益が出た場合）。
　物件を売却した対価として、売却代金が普通預金に入金され、物件（建物・土地）が売主に引き渡され手許には存在しておらず、売却代金と売却原価（土地・建物の簿価）の差額を売却益（利益）として認識する取引です。
　売却時には、不動産業者への仲介手数料が生じることがほとんどです。仲介手数料は、物件の引き渡し時に不動産業者へ振込で支払うことになります。
　この場合、「物件を賃貸している際の仕訳」（費用の支払）の⑤のパターンを使って次の仕訳を生成することになります。

【借方】仲介手数料　〇〇〇円　／　【貸方】普通預金　〇〇〇円

このように、主たる代表的な仕訳パターンと他のフェーズの仕訳パターンの組み合わせで「物件を売却した際の仕訳」がなされます。

3つのフェーズにおけるいかなる取引も、10のパターンを組み合わせることによって仕訳が可能となります。これを把握しておけば、会計ソフトを使った決算書の作成は、思っているほど難しいものではなくなります。

3つのフェーズの取引例からの仕訳

ここからは、3つのフェーズ（購入、賃貸、売却）において、私自身、約30年にわたって不動産投資の帳簿を作成・指導してきた経験から、頻繁に生じる取引例をリアルに解説していきます。

解説にあたって、各関係者から交付されるであろう「図6-1-1」の書類サンプルを提示しながら、会計ソフトを使った決算書作成の流れを見ていきます。

図6-1-1│各フェーズで、仕訳生成に使用する書類

フェーズ	書類
購入時	不動産売買契約書
	取引精算書
	固定資産税の課税明細書
賃貸時	普通預金通帳
	家賃支払明細書
	借入金返済予定表
	自動販売機手数料明細書
	購入物件の建物の登記簿謄本
売却時	不動産売買契約書
	取引精算書

また、私が実際に使用している独自のExcelシートも駆使します。複雑に思われがちな建物の取得価額、耐用年数の算定を、決まった箇所に決まった数字を打ち込むだけで簡単に行うことができる便利なツールで

す（無料特典としてダウンロードができます）。

　なお、ここで想定する会計ソフトは、インストール型ですが、ほとんどの作業はクラウド型と共通するので、一読頂ければどの会計ソフトも使える知識が身につきますので、ご安心ください。

　入力方法については、会計ソフトごとに少々異なりますが、どの会計ソフトにもある「仕訳日計表」や「振替伝票」と題された入力画面を使っていきます。

　作業も至ってシンプルで、基本は「仕訳」を下記①〜④の順番で入力するだけです。

①日付欄に日付
②借方（左側）に勘定科目・金額
③貸方（右側）に勘定科目・金額
④摘要欄に「支払先（または入金先）・内容（簡潔に）」

　適宜、入力した仕訳が、どのように損益計算書・貸借対照表に表現されるかも一緒に見ていきます。

　その際、損益計算書・貸借対照表に表現された取引が、税務署、金融機関にどういう印象を与えるか？　を長年の経験からの私見も交え、説明していきます。

　会計事務所の作業工程を知る機会は、ほとんどないと思います。この機会に決算書作成のコツを掴みとってください。

6-2 資金調達時の仕訳
「取引明細書」から借入の取引を読み取る

KEYPOINT
- 不動産会社が用意する「取引明細書」から仕訳をする
- 「取引明細書」は不足金額を伝達する役割も持つ
- 近年は融資時に「ローン手数料」（支払手数料）を支払う必要がある

資金調達――売買契約書から取引を読み取る

まずは物件購入時の仕訳から見ていきましょう。
先に前提条件をお伝えしておきます。

【購入目的】個人名義にて物件「アパート松戸」を購入、賃貸する
【物件価格】100,000,000円（1億円）
　　　　　（内訳）建物 49.500,000円（4,950万円）
　　　　　　　　　土地 50,500,000円（5,050万円）
【表面利回り】約7.5%（年間家賃収入 約750万円）
【金融機関からの借入】
　借入額：95,000,000円（9,500万円）
　金利：年1.3%
　返済期間：35年（毎月返済）　返済方法：元利均等方式
【自己資金拠出額】500万円
【建物の耐用年数】34年　償却方法：定額法

図6-2-1 取引精算書からの借入金取引

鈴木一郎　御中　　　　　　　　　　　　　　　　　　　　　　令和6年6月10日
　　　　　　　　　　　　　　　　　　　　　　　　　　　　　稲垣不動産㈱
　　　　　　　　　　　　　　　　　　　　　　　　　　　　　担当：稲垣　浩之

千葉市松戸区　アパート松戸　決済時の必要書類、当日のお金の流れをまとめさせて頂きました。
ご確認の程よろしくお願い致します。

　　　　　日時：令和6年6月25日（月）11時より
　　　　　場所：東関東銀行　千葉北支店
　　　　　司法書士：司法書士法人　B&B
　　　　　持参物：運転免許証ないしはマイナンバーカード　個人の実印

【買主様から売主様への精算金】
売渡残金　　　　　　　　　　　　95,000,000円　※売買代金：100,000,000円－手付金：5,000,000円
固定資産税・都市計画税　　　　　　　202,280円
管理委託料精算金　　　　　　　　　　　8,250円
　　　　　　　　　　　　　　　　95,210,530円
　　　　　　　　　　　　　　　＝売主様への支払額　　95,210,530円……（ア）

【売主様から買主様への精算金】
令和6年6月分日割賃料　　　　　　　125,000円
敷金　　　　　　　　　　　　　　　600,000円
　　　　　　　　　　　　　　　　　725,000円
　　　　　　　　　　　　　　　＝買主様への支払額　　　725,000円……（イ）

売主様への相殺（（ア）－（イ））後の支払額＝　　94,485,530円

【その他精算金】
仲介手数料（稲垣不動産㈱）　　　3,366,000円
所有権移転登記（司法書士）　　　　500,000円
火災・地震保険料（○×損害保険）　　700,000円　火災・地震保険料 共に 令和6年6月25日より5年間
　　　　　　　　　　　　　　　　4,566,000円＝その他の支払額　　4,566,000円

【ご準備頂く資金】
　融資実行額：　　　　　B　95,000,000円
（1）売主様への相殺後の支払額　94,485,530円
（2）融資事務手数料　　　　　　　900,000円
（3）振込手数料　　　　　　　　　　1,680円
（4）その他精算金　　　　　　　4,566,000円
（1）＋（2）＋（3）＋（4）＝　A　99,953,210円
当日不足金額　A－B　　4,953,210円　ご用意くださいませ。 C

ご不明な点があれば、ご遠慮なくご連絡頂ければと存じます。当日、よろしくお願い致します。

手付金500万円は、個人的な蓄財から資金を拠出しました。残金の9,500万円については金融機関（東関東銀行）から融資を受けることにより決済しました。

　9,500万円の融資にあたっては「図6-2-1」のように取引精算書に記載があります。

　融資に際しては、融資事務手数料90万円、振込手数料1,680円が差し引かれて普通預金口座に振り込まれます（94,098,320円）。

　また、融資9,500万円が実行されても、Cにあるように4,953,210円を現金で用意してはじめて6月25日の取引が完了したことになります。

　そもそも、この取引精算書は当日不足するであろう4,953,210円を鈴木一郎に用意して貰うために不動産業者が作成した書類になります。

　鈴木一郎は、取引精算書の記載どおり6月25日に4,953,210円を「普通預金」に振り込みます。

物件購入の資金調達時の仕訳

　これらの取引の仕訳化は「図6-2-2」のとおりです。

　ここで最近の傾向が「支払手数料」勘定であらわされているローン手数料です。

　ここでは融資金額の約0.95％である90万円として設定しましたが、融資時にローン手数料という名目で融資金額の約1％程度、高い銀行では2％程度を支払わなければいけない場合もあるようです。

　マイナス金利が解除された現在といえども、未だ低金利ですから、利息に代わる収入を銀行は得たいところなのでしょう。皆さんにとっては支払たくないところですが、これを支払わないと物件が買えないというわけです。

図6-2-2 | 資金調達時の取引と仕訳

●取引の発生　・購入代金の残金分は東関東銀行より9,500万円を借り入れた。融資事務手数料として90万円、振込手数料1,680円が差し引かれた残額94,098,320円が普通預金口座に振り込まれた。
　　　　　　・取引精算書の末尾の記載のとおり引渡日の不足金額4,953,210円を、不動産投資とは関係のない個人口座から不動産賃貸用普通預金に振り込んだ。

【鈴木一郎　個人バージョン】

日付	借方（左側） 勘定科目	金額	貸方（右側） 勘定科目	金額	摘要
6/25	普通預金 貸借対照表【資産】の増加	94,098,320 円	借入金 貸借対照表【負債】の増加	95,000,000 円	東関東銀行　アパート松戸分借入
6/25	支払手数料 損益計算書【費用】の発生	900,000 円			東関東銀行　アパート松戸分ローン手数料
6/25	その他の経費 損益計算書【費用】の発生	1,680 円			東関東銀行　振込手数料
6/25	普通預金 貸借対照表【資産】の増加	4,953,210 円	事業主借 貸借対照表【負債】の増加	4,953,210 円	東関東銀行　振込手数料

【合同会社　鈴木一郎　法人バージョン】

日付	借方（左側） 勘定科目	金額	貸方（右側） 勘定科目	金額	摘要
6/25	普通預金 貸借対照表【資産】の増加	94,098,320 円	長期借入金 貸借対照表【負債】の増加	95,000,000 円	東関東銀行　アパート松戸分借入
6/25	支払手数料 損益計算書【費用】の発生	900,000 円			東関東銀行　アパート松戸分ローン手数料
6/25	その他の経費 損益計算書【費用】の発生	1,680 円			東関東銀行　振込手数料
6/25	普通預金 貸借対照表【資産】の増加	4,953,210 円	役員借入金 貸借対照表【負債】の増加	4,953,210 円	東関東銀行　振込手数料

6-3 物件購入時の仕訳
物件購入の仕訳は、物件の取得価額の算定が重要

KEYPOINT
- 「不動産売買契約書」を見れば、建物と土地の価格がわかる
- 「取引精算書」から建物・土地以外の取得価額を読み取る
- 建物・土地の価格は「固定資産税評価額証明書」を見てもわかる

建物と土地の価格を明らかにする

次に、物件購入時の取引を見ていきましょう。
物件購入時の取引・仕訳の流れは、大きく次の２つに分かれます。

①建物・土地の取得価額の仕訳
②物件購入時の諸費用の仕訳

まず「①建物・土地の取得価額の仕訳」です。
ポイントは、「建物の取得価額」の算定です。減価償却費計上の基礎であり、賃貸時の利益額にも影響を及ぼす、重要な金額のため、慎重に算出することが肝要です。
建物の取得価額を算出する流れは次の通りです。

①土地と建物の価格を明らかにする
②建物・土地以外の取得費用を調べる
③建物・土地の取得割合を算出する

これらは、物件を仲介した不動産会社が作成する「不動産売買契約書」と「取引明細書」の2つの書類を参照することで得られます。
　順番に見ていきましょう。
　まずは、「①土地と建物の価格を明らかにする」ために、「図6-3-1」の「不動産売買契約書」を参照します。

図6-3-1 物件購入時の不動産売買契約書

この書類は、不動産売買時に仲介業者の不動産業者が作成し、用意してくれます。

この時点で、6月25日に予想される購入物件の取得価額を構成するであろう支出を契約書から読み解くと次のようになります。

・建物の取得価額　A　49,500,000円（4,950万円）
・土地の取得価額　B　50,500,000円（5,050万円）
　　　　　　　　合計 100,000,000円（1億円）

売主は、売却時に建物に消費税を付加して売買代金を請求します（土地は非課税）。

したがって、売買契約書にはグレー部分の450万円という建物に係る消費税の金額が記載されています。

先ほど申し上げたように、上記取得価額には加算しなければいけない金額があります。

取引精算書から「建物・土地以外の取得費用」を調べる

続いては、「②建物・土地以外の取得費用を調べる」です。「取引精算書」という書類を読み解きます。「図6-3-2」のような書面になります。「取引精算書」は物件引渡し時（令和6年6月25日）の決済をスムーズに行うために、事前に不動産業者が作成して買主に渡す書類です。引渡し当日の買主である鈴木一郎さん（皆さんの立場です）の購入代金の決済の案内という性質を持っており、一般的に「取引精算書」と呼ばれます。

購入時は買主として「取引精算書」を受け取り、売却時には売主として受け取ることとなります。そのため、この機会に内容を理解すること

図6-3-2 | 取得物件の引渡に係る取引精算書

鈴木一郎　御中
　　　　　　　　　　　　　　　　　　　　　　　　令和6年6月10日
　　　　　　　　　　　　　　　　　　　　　　　　　稲垣不動産㈱
　　　　　　　　　　　　　　　　　　　　　　　　担当：稲垣　浩之

千葉市松戸区　アパート松戸　決済時の必要書類、当日のお金の流れをまとめさせて頂きました。
ご確認の程よろしくお願い致します。

　　　日時：令和6年6月25日（月）11時より
　　　場所：東関東銀行　千葉北支店
　　　司法書士：司法書士法人　B&B
　　　持参物：運転免許証ないしはマイナンバーカード　個人の実印

【買主様から売主様への精算金】　　　　　　　　　　　③　　　　　　　　　　　　　②
売渡残金	95,000,000円	※売買代金：100,000,000円 －手付金：5,000,000円
固定資産税・都市計画税	202,280円 ④
管理委託料精算金	8,250円
	95,210,530円

　　　　　　　　　　　　　　　　　　　＝売主様への支払額　　95,210,530円……（ア）

【売主様から買主様への精算金】
令和6年6月分日割賃料	125,000円
敷金	600,000円
	725,000円

　　　　　　　　　　　　　　　　　　　＝買主様への支払額　　　725,000円……（イ）

　　　　売主様への相殺（（ア）－（イ））後の支払額＝　　94,485,530円

【その他精算金】
仲介手数料（稲垣不動産㈱）	3,366,000円 ⑤
所有権移転登記（司法書士）	500,000円
火災・地震保険料（〇×損害保険）	700,000円
	4,566,000円 ＝その他の支払額　　4,566,000円

【ご準備頂く資金】
融資実行額：	B	95,000,000円
(1)売主様への相殺後の支払額		94,485,530円
(2)融資事務手数料		900,000円
(3)振込手数料		1,680円
(4)その他精算金		4,566,000円
(1)+(2)+(3)+(4)=	A	99,953,210円

当日不足金額　A－B　　4,953,210円　ご用意くださいませ。

ご不明な点があれば、ご遠慮なくご連絡頂ければと存じます。当日、よろしくお願い致します。

は、売却時の処理に関してもプラスに作用すると思ってください。

　では、建物・土地以外の取得価額の構成要素を探しましょう。
　結論から申し上げますと、線で囲んだ②、③、④、⑤が建物・土地の取得価額を構成します。これは税務上の取得価額の考え方に基づいています。
　基本的に税務上の取得価額は、「取得した価格」だけでなく、「取得のために要した金額」も取得価額に含まれるのです。
　普通に考えると、②手付金500万円と③残金9,500万円の合計額1億円を取得価額と考えがちですが、違うのです。
　なので、決算書を作成するための記帳（取引→仕訳化→会計ソフトに入力、の一連の作業）の段階から②・③だけでなく④・⑤も含めて取得価額の算定を行います。
　すると、下記のように、103,568,280円が建物・土地の取得価額の合計額となります。

②	5,000,000円	手付金
③	95,000,000円	残金
④	202,280円	固定資産税精算金
⑤	3,366,000円	仲介手数料
計	103,568,280円	

　話はこれで終わりではありません。
　最後に、「③建物・土地の取得割合を算出する」です。上記の取得価額の合計額を建物部分と土地部分に明確に区分します。建物は減価償却の対象になりますが、土地は減価償却の対象外だからです。どのように建物と土地に区分すればいいのでしょうか？
　先ほどの売買契約書（192ページ）の金額を、次の計算式にあてはめて

計算するとわかります。

「建物・土地の取得価額の合計額」を「建物と土地の合計価格（A+B）」に占める「建物価格（A）」で乗じます。これで、建物の取得価額を算定できます。
　次、に建物・土地の取得価額の合計額から、建物の取得価額を差し引きます。これで、土地の取得価額が求められます。
　文章だとわかりにくいですね。「図6-3-3」のようになります。

図6-3-3 | 建物と土地の取得価額の計算式

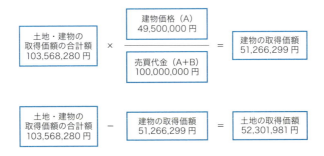

　ここで登場するのが、弊所で建物・土地の取得価額の算定時に使用している「取得価額算定Excelシート」です。本書の無料特典としてダウンロード可能なので、ぜひ使ってみてください。
　当たり前ですが仕事柄、弊所ではこのような計算を年がら年中行っています。このような計算を一々行うのも面倒なので、なるべく簡単かつ正確に計算できるようにExcelシートを作った次第です。

　では、「取得価額算定Excelシート」を使ってみましょう。
「図6-3-4」のように、前掲した金額を各番号の箇所に入力するだけで、入力結果である建物・土地の取得価額が自動的に算定されるようになっています。

図6-3-4 「取得価額算定Excelシート」への入力例

「取得価額自動計算シート」（売買契約書に消費税が記載されている場合）

売買契約書の売買代金の総額　① 土地建物合計金額　100,000,000

> 売買契約書に記載されている売買代金の総額を入力します。（この場合 図6-3-1のA＋Bの金額）

> 「売買契約書」の『売買代金総額』を入力します。

※売買契約書に消費税の金額が記載されている場合
※契約書に記載されている消費税の金額　4,500,000　×110/10＝②

> 「売買契約書」の「消費税及び地方消費税の合計額」を入力します。

> 売買契約書に記載されている建物価格（税込金額）を入力します。（この場合 図6-3-1のAの金額）

② 建物基礎取得費　49,500,000

③ 土地基礎取得費　50,500,000　＝①－②

> 売買契約書に記載されている土地価格を入力します。（この場合 図6-3-1のBの金額）

※購入物件時までに払った購入物件に係る交通費・調査費用・住民票・登記簿謄本取得費用等の合計額を入力

> 下記Aの集計欄の合計額が移記されます。

a.　0

※物件購入に際し、不動産業者に支払った仲介手数料（支払がない場合は0）を入力

> 取引精算書に記載されている仲介手数料の金額を入力します。（この場合 図6-3-2の⑤の金額）

> 下記Aの集計欄の合計額が移記されます。

b.　3,366,000

※物件購入に際し、前所有者に対して支払った未経過の固定資産税相当額（購入日以後の分の固定資産税分）を入力（物件購入の際、前所有者との家賃の精算明細含め、取引精算計算書に記載されています。）

> 取引精算書に記載されている固定資産税精算金の金額を入力します。（この場合 図6-3-2の④の金額）

> 引渡時の取引精算書を参考に入力します。

c.　202,280

④　3,568,280　＝a＋b＋c

A、取得費合計　103,568,280　＝①＋④

B、建物　取得費　51,266,299　＝(④×②/①)＋②

※この金額が減価償却の基礎になります！

> この金額が建物の取得価額になります。

> この金額が土地の取得価額になり、売却の際の売却簿価になります。

C、土地　取得費　52,301,981　＝A－B

A．b．c以外に取得価額に参入する金額がある場合は下記に入力

日付	内容	支払額	領収書の有無
合計		0	

> 仲介手数料・固定資産税精算金以外に取得価額に参入したい支出金額がある場合はここに入力します。

税務上、取得価額に含めても、含めなくてもいい金額

　基本的に取得価額に参入しなければいけない金額は、先ほど書いた通りなのですが、取得価格に含めても含めなくてもよい金額もあります。
　たとえば、本来は経費にできる不動産取得税や所有権移転登記のために司法書士に支払った手数料・印紙代です。
　物件を取得した年（法人の場合は期）は、購入諸費用がかさみがちになり、かつ、年（期）の中途での購入の場合は、家賃収入も1年間保有の年（期）より小さくなりがちなので、利益もマイナス（損失）になることが多いようです。
　ただ、損失の年（期）が生じると、金融機関にマイナスな印象を持たれます。そうはなりたくない、という投資家さんも多くいます。
　そこで、税務上は経費に計上できる支出を、わざわざ取得価額に含めて建物・土地の取得価額を計算することで経費を減らせるよう、このような項目を設けています。

「建物・土地の取得価額」の仕訳

　これまでの取引について仕訳化していきましょう。
　気を付けなくてはいけないのは、ここまでの取得価額の取引は「取引精算書」に記載されている取引の中のほんの一部ということです。
　「図6-3-2」の取引精算書を見ると、取得価額を構成する取引のほかに、

・6月25日取得時以降の期間に係る家賃収入や管理費の精算取引
・所有権移転登記手数料の支払い取引
・購入日（6月25日）からの火災・地震保険料の支払い

　など、物件購入に際して必要なあらゆる取引が、この残金決済日であ

る6月25日に集中して生じています。

本来はこれらの取引をまとめて仕訳化するのですが、余りにも仕訳数が多すぎて混乱すると思うので、ここではわかりやすいように仕訳を数回に分けて進めていきます。

図6-3-5 | 購入時の取引と仕訳

●取引の発生　・6月25日の残金決済日に、売主に対して売買代金の残額9,500万円を支払った。
　　　　　　・6月25日の残金決済日に、売主に対して6月25日以降の固定資産税を支払った。
　　　　　　・6月25日の残金決済日に、稲垣不動産㈱に対し仲介手数料を支払った。

【鈴木一郎　個人バージョン】

日付	借方(左側) 勘定科目	金額	貸方(右側) 勘定科目	金額	摘要
6/25	仮払金	95,000,000 円	普通預金	95,000,000 円	㈱○○○　アパート松戸残金支払
	貸借対照表【資産】の増加		貸借対照表【資産】の減少		
6/25	仮払金	202,280 円	普通預金	202,280 円	㈱○○○　未経過固定資産税支払
	貸借対照表【資産】の増加		貸借対照表【資産】の減少		
6/25	仮払金	3,366,000 円	普通預金	3,366,000 円	稲垣不動産㈱　売買仲介手数料
	貸借対照表【資産】の増加		貸借対照表【資産】の減少		

【合同会社　鈴木一郎　法人バージョン】個人の鈴木一郎と同様の仕訳のため記載なし

固定資産税精算金と購入時の仲介手数料について説明しておきましょう。

固定資産税はその年1月1日に不動産を所有している人に自治体が課税する税金です。固定資産税精算金は、売主がすでに支払った固定資産税を精算したものです。

今回のパターンでは、6月25日～12月31日までの固定資産税は、買主である鈴木一郎が負担すべき税金です。そこで、固定資産税精算金という名前で、固定資産税相当額を精算しているのです。

購入時の仲介手数料は、物件を仲介してくれた不動産会社に支払う金額です。

つづいて、「仮払金」を「建物」「土地」勘定に振り替える仕訳を見ていきましょう。

図6-3-6 | 購入時の「仮払金」の取引と仕訳

● 取引の発生　・6月25日の残金決済を行ったことで建物・土地の取得価額を構成する支出はすべて完了した。建物と土地の各々の取得価額の算定も完了したので、3/31の手付金支払時に「仮払金」勘定にカウントした支出額を含め振替仕訳を起票する。

【鈴木一郎　個人バージョン】

日付	借方（左側）		貸方（右側）		摘要
	勘定科目	金額	勘定科目	金額	
6/25	建物	51,266,299円	仮払金	103,568,280円	㈱○○○　アパート松戸 建物取得価額
	貸借対照表【資産】の増加		貸借対照表【資産】の減少		
6/25	土地	52,301,981円			㈱○○○　アパート松戸 土地取得価額
	貸借対照表【資産】の増加				

【合同会社　鈴木一郎　法人バージョン】個人の鈴木一郎と同様の仕訳のため記載なし

物件購入時の諸費用の仕訳

　ここまで解説してきた建物・土地の取得価額以外にも、物件購入時はお金のやり取りがあります。それらは、「売買契約書」「取引精算書」に記載されています。

　まずは、売買契約書（192ページ）の契約締結日に支払う手付金・印紙代の仕訳です。「図6-3-7」のようになります。
　印紙代とは、売買契約書に添付してある印紙の代金です。今回の印紙代は1通につき3万円となっていますが、契約書を1通作成する場合（売主か買主が原本かコピーを保管する場合）と、2通作成する場合（売主、買主の双方が保管する場合）があります。本ケースでは1通のみ作成し、印紙代は買主と売主で折半し、契約当日に各々が1.5万円の印紙を持参することとします。
　貸方（右側）には、賃貸事業が支払うべき費用を個人が立て替えたので、事業主の個人に借入が生じたという意味で、「事業主借」という負債勘定にカウントします。

図6-3-7 | 購入時の取引と仕訳

●取引の発生
・3月31日に契約書に添付する15,000円の印紙を郵便局で買い求めた。代金は鈴木一郎個人のポケットマネーから支払った。
・3月31日に㈱○○○にアパート松戸の手付金として500万円を鈴木一郎個人の貯金口座から振り込んだ。

【鈴木一郎　個人バージョン】

日付	借方（左側）		貸方（右側）		摘要
	勘定科目	金額	勘定科目	金額	
3/31	租税公課	15,000円	事業主借	15,000円	郵便局　契約書印紙代
	損益計算書【費用】の発生		貸借対照表【負債】の増加		
3/31	仮払金	5,000,000円	事業主借	5,000,000円	㈱○○○　アパート松戸 手付金支払
	貸借対照表【資産】の増加		貸借対照表【負債】の増加		

【合同会社　鈴木一郎　法人バージョン】

日付	借方（左側）		貸方（右側）		摘要
	勘定科目	金額	勘定科目	金額	
3/31	租税公課	15,000円	役員借入金	15,000円	郵便局　契約書印紙代
	損益計算書【費用】の発生		貸借対照表【負債】の増加		
3/31	仮払金	5,000,000円	役員借入金	5,000,000円	㈱○○○　アパート松戸 手付金支払
	貸借対照表【資産】の増加		貸借対照表【負債】の増加		

　次に下段の手付金の仕訳です。売買契約書で500万円を買主から売主に支払う契約となっているので、契約どおり500万円を支払います。
　ここで、なぜ「借方（左側）に仮払金勘定が立っているのか」を疑問に感じた方もおられると思います。
　この方法は、私が不動産投資家さんの決算書を作成する際、多用しているテクニックです。一見面倒くさい処理にみえますが、長年の経験上、最終的には効率的に処理できる便利な手法です。
　仕組みをお話ししましょう。残金の決済と物件の引き渡しが後日、6月25日に行われます。手付金と残金の合計金額である売買金額を最終的に仕訳として残したいので、とりあえず「仮払金」勘定という中間勘定に一時的に避難させておくのです。
　また残金のほかに、購入に係る仲介手数料や日割賃料・管理費、固定資産税の精算も後日生じます。これらは、費用として損益計算書に計上するもの、資産として「建物」「土地」勘定に計上するものの2種類の

支出が混在します。

　ここで、それらをいちいち正確に仕訳していたら、各項目ごとに余計な手間がかかるので、とりあえず「仮払金」勘定という名のボックス（箱）に放り込んでおく。そして6月25日に、「仮払金」勘定を「建物」勘定、「土地」勘定それぞれに振り替える処理をします。そうすれば、一度で建物と土地の勘定が完了します。手間も省けるし、ミスも減ります。

　取引精算書には「図6-3-8」のように、ほかに収益・経費や負債に計上すべき取引が記載されています。
　まず、収益、費用、長期前払費用（繰延資産といいます）の取引の仕訳化を見ていきます。
　家賃は当月分を前月末までに支払う契約が一般的です。6月分の家賃については5月末までに賃借人が管理会社に支払い6月の上旬に、管理会社は管理料等を差し引き皆さんの普通預金口座に振り込みます。
　今回6月25日に所有権は鈴木一郎に移っているので、6月の30日分の家賃のうち6月25日からの6日分の家賃125,000円（625,000円÷30日×6日分）は鈴木一郎に帰属します。
　所有者の家賃から差し引きで支払う管理料の内、6月25日〜6月30日までの6日分は、売主ではなく鈴木一郎から収受すべき性質の費用となります。
　敷金は、退去があった場合に返還義務がある金額で「預り敷金」といいます。物件の名義が移った時点で、その義務は売主から買主へ移るので、金額も承継します。承継は売買代金からの相殺という形で行われるのが一般的です。
　所有権移転に伴って司法書士に手続きしてもらいます。支払う手数料、印紙代は一時の費用として処理することが認められていますので、今回は取得価額に含めず、費用計上することとします。

図6-3-8 | 取引精算書の収益・費用取引

鈴木一郎　御中　　　　　　　　　　　　　　　　　　　　　令和6年6月10日
　　　　　　　　　　　　　　　　　　　　　　　　　　　　稲垣不動産㈱
　　　　　　　　　　　　　　　　　　　　　　　　　　　　担当：稲垣　浩之

千葉市松戸区　アパート松戸　決済時の必要書類、当日のお金の流れをまとめさせて頂きました。
ご確認の程よろしくお願い致します。

　　　　日時：令和6年6月25日（月）11時より
　　　　場所：東関東銀行　千葉北支店
　　　　司法書士：司法書士法人　B&B
　　　　持参物：運転免許証ないしはマイナンバーカード　個人の実印

【買主様から売主様への精算金】
売渡残金　　　　　　　　　　　　95,000,000円　※売買代金：100,000,000円－手付金：5,000,000円
固定資産税・都市計画税　　　　　　　202,280円
管理委託料精算金　　　　　　　　　　　8,250円
　　　　　　　　　　　　　　　　95,210,530円
　　　　　　　　　　　　　　　　　　　　　　＝売主様への支払額　　95,210,530円……（ア）

【売主様から買主様への精算金】
令和6年6月分日割賃料　　　　　　　125,000円
敷金　　　　　　　　　　　　　　　600,000円
　　　　　　　　　　　　　　　　　725,000円
　　　　　　　　　　　　　　　　　　　　　　＝買主様への支払額　　　725,000円……（イ）

売主様への相殺（（ア）－（イ））後の支払額＝　　94,485,530円

【その他精算金】
仲介手数料（稲垣不動産㈱）　　　　3,366,000円
所有権移転登記（司法書士）　　　　　500,000円
火災・地震保険料（○×損害保険）　　700,000円
　　　　　　　　　　　　　　　　4,566,000円＝その他の支払額　　4,566,000円

【ご準備頂く資金】
　　融資実行額：　　　　　B　　95,000,000円
(1)売主様への相殺後の支払額　　94,485,530円
(2)融資事務手数料　　　　　　　　900,000円
(3)振込手数料　　　　　　　　　　　1,680円
(4)その他精算金　　　　　　　　4,566,000円
(1)＋(2)＋(3)＋(4)＝　　A　　99,953,210円

当日不足金額　A－B　　4,953,210円　ご用意くださいませ。

ご不明な点があれば、ご遠慮なくご連絡頂ければと存じます。当日、よろしくお願い致します。

火災・地震保険料は、数年分を前払いする形が多いようです。この時点では70万円の全額を「長期前払費用」として処理し、決算時に令和6年6月25日～12月31日の当期分を「損害保険料」として振り替える処理をします。

　仕訳は「図6-3-9」のようになります。

図6-3-9｜購入時の取引と仕訳

●取引の発生
- 6月25日の残金決済日に売主が既に管理会社に支払っていた6月25日から6月30日までの管理料を普通預金から支払った。
- 6月25日の残金決済日に売主が既に管理会社から受け取っていた6月25日から6月30日までの家賃収入が普通預金に入金された。
- 6月25日の残金決済日に売主が賃借人から預かっていた敷金が普通預金に入金された。
- 6月25日の残金決済日に所有権移転登記料として司法書士法人B＆Bに登記手数料11万円、登録免許税等印紙代39万円を普通預金から支払った。
- 6月25日の残金決済日に損害保険会社に6月25日から5年間分の火災・地震保険料を普通預金から支払った。

【鈴木一郎　個人バージョン】

日付	借方（左側）		貸方（右側）		摘要
	勘定科目	金額	勘定科目	金額	
6/25	外注管理費	8,250円	普通預金	8,250円	㈱○○○　アパート松戸 日割管理料
	損益計算書【費用】の発生		貸借対照表【資産】の減少		
6/25	普通預金	125,000円	家賃収入	125,000円	㈱○○○　アパート松戸 日割家賃
	貸借対照表【資産】の増加		損益計算書【収益】の発生		
6/25	普通預金	600,000円	預り敷金	600,000円	㈱○○○　アパート松戸 承継預り敷金
	貸借対照表【資産】の増加		貸借対照表【負債】の増加		
6/25	支払手数料	110,000円	普通預金	110,000円	司法書士法人B&B　所有権移転登記手数料
	損益計算書【費用】の発生		貸借対照表【資産】の減少		
6/25	租税公課	390,000円	普通預金	390,000円	司法書士法人B&B　所有権移転登記印紙代
	損益計算書【費用】の発生		貸借対照表【資産】の減少		
6/25	長期前払費用	700,000円	普通預金	700,000円	○×損害保険会社　火災・地震保険料5年分
	貸借対照表【資産】の増加		貸借対照表【資産】の減少		

【合同会社　鈴木一郎　法人バージョン】個人の鈴木一郎と同様の仕訳のため記載なし

「普通預金」勘定で最終確認

取引精算書から読み取れる取引は、すべて仕訳化が完了しました。

参考として「普通預金」勘定の流れを「図6-3-10」に示しておきますね。

図6-3-10 | 普通預金 勘定の流れ

【6月25日 普通預金】勘定

日付	相手勘定科目	借方金額	貸方金額	残高	摘要
6/25	仮払金		95,000,000	(95,000,000)	㈱○○　アパート松戸 残金支払
6/25	仮払金		202,280	(95,202,280)	㈱○○　未経過固定資産支払
6/25	仮払金		3,366,000	(98,568,280)	稲垣不動産㈱　売買仲介手数料
6/25	外注管理費		8,250	(98,576,530)	㈱○○　アパート松戸 日割管理料
6/25	賃貸料	125,000		(98,451,530)	㈱○○　アパート松戸 日割家賃
6/25	保証金・敷金	600,000		(97,851,530)	㈱○○　アパート松戸 承継預り敷金
6/25	支払手数料		110,000	(97,961,530)	司法書士法人B&B 所有権移転登記手数料
6/25	租税公課		390,000	(98,351,530)	司法書士法人B&B 所有権移転登記印紙代
6/25	長期前払費用		700,000	(99,051,530)	○×損害保険会社 火災・地震保険料5年分
6/25	借入金	94,098,320		(4,953,210)	東関東銀行　借入
6/25	事業主借	4,953,210		0	鈴木一郎　借入

鈴木一郎個人の貯金から支出した金額、東関東銀行からの借入金、物件および物件購入に要した金額が一致して、普通預金の残高は0円となっています。

鈴木一郎個人の貯金から支出した金額は次のとおりになります。

3/31　5,000,000円　物件手付金支出
6/25　4,953,210円　物件購入時の不足分の支出
計　　9,953,210円

約1,000万円になりますね。購入した賃貸物件本体の金額が1億円ですから、個人が用意した金額のパーセンテージは10％程度になりました。
　2014年頃は銀行の融資状況は今ほど厳しくはなかったため、個人の貯金に手をつけることなく銀行からの借入金で本体及び関連支出のすべてを賄えたのですが、現状では本体購入額の少なくとも1割程度のキャッシュは必要でしょう。
　ちなみに、購入後、しばらく経ってから不動産を購入したことを基因として自治体から不動産取得税という税金の請求がきます。実際の物件購入時には、1割とは言わず、もう少し余裕をもった資金の用意が必要でしょう。
　すべての購入金額を銀行からの借入金で賄うケースもあります、必ずしもキャッシュを用意しなければならないというわけではありません。
　以上で物件購入時の取引、仕訳化、会計ソフトへの入力が完了します。

　減価償却費の計上、損害保険料の当期分の振替は決算時に行いますので、ここでは説明しません。
　この章では、最後に、不動産取引でよく行き詰まる取引を解説したいと思います。ここまでは、建物・土地の価格、消費税が記載されているサンプル資料を使ってきましたが、実は、これらが書かれていない場合もよくあります。その場合、どうすればよいのでしょうか。

売買契約書に建物の消費税が記載されていない場合

　すべての売買契約書に、建物に係る消費税が記載されているわけではありません。「図6-3-11」のような契約書の場合もあります。
　建物の消費税も建物本体の価格も、土地の価格も区分されておらず、売買代金の総額である1億円の記載しかない売買契約書です。按分基準になる建物の価格も土地の価格も記載されていないのです。

図6-3-11 | 建物に係る消費税の記載がない売買契約書

```
                                                    印紙代　3万円

                        不動産売買契約書
  売主　株式会社○○○　と　買主　鈴木一郎は、下記表示の不動産に関し、以下の内容で売買契約を締結した。

  (B) 売買代金、手付金の額及び支払日
```

売買代金			100,000,000 円
手付金	本契約締結時支払		5,000,000 円
残代金	令和 6 年 6 月 25 日		95,000,000 円
引渡日	■ 1. 売買代金全額受領日　□ 2.		
融資	融資利用の有無　■ 1. 有　□ 2. 無		
	申込先：東関東銀行　千葉北支店	融資金額	
	融資承認取得期日：令和 6 年 5 月 31 日		95,000,000 円

　　　　　　　　　　　　　　　　　上記契約書締結日　令和 6 年 3 月 31 日

　この場合は、按分基準を他から調達してこなければいけません。

　税法上は、「売買契約上、それぞれの売買金額や消費税相当額が明らかでない場合は、合理的な金額にて按分する」としています。

　税務署が用いる合理的な金額は、その取引が行われた年の固定資産税評価額で按分することが多いようです。固定資産税評価額とは、自治体が固定資産税を算定する際の基礎となる評価額のことです。

　では、この固定資産税評価額はどこで手に入れればよいのでしょうか？

　自治体に赴き、固定資産税評価額証明書という証明書を取得することで確認できます。また、その年の固定資産税の納付書に添付されている不動産の明細書に固定資産税評価額が記載されているので、この不動産の明細書のコピーが手に入れば用が足ります。

　先ほど、購入の取得価額の算定時にも出てきたように年の途中で売買が生じた場合、売主が負担している固定資産税の精算が必要となります。

固定資産税精算金の計算は、仲介している不動産業者が行うことが多いのですが、当然、計算のために、固定資産税の納付書及び不動産の明細書のコピーを売主から取得しているはずです。買主がこのコピーを入手することは容易でしょう。

「図6-3-12」に固定資産税の納付書に添付されている不動産の明細書のサンプルを用意しました。この資料のどこを、どう見ればよいのか、一緒に見ていきましょう。

図6-3-12｜建物・土地区分に使用する評価額の記載箇所

	土　地　・　家　屋　の　課　税　明　細　書			
	①町丁名　　　　　　　　②地番		③現況耳目又は種類構造	④地積又は床面積　㎡
	⑤評価額　　円　⑥固定資産税課税標準額　円　⑦都市計画税課税標準額　円　⑧土地前年度固定資産税課税標準額　円　⑨土地前年度都市計画税課税標準額　円			
	⑩概要　　⑪家屋番号　　　　⑫区分課税番号　　⑬土地軽減税額等　　⑭家屋軽減税額等　　　円　⑮納付（相当）税額　円			
土地	○○市△△町1丁目　　　　　　10-22		宅地	198.34
	⑤　50,500,000　⑥　　8,383,000　⑦　　16,816,500　⑧　　　　　8,015,323　⑨　　　　16,078,933			
	住宅特例適用		⑭	⑮　　80,153
建物	○○市△△町1丁目　　　　　　10-22		共同住宅　鉄筋コンクリート	178.8
	⑤　49,500,000　⑥　　49,500,000　⑦　　49,500,000　⑧　　　　　　　　　　⑨			
	10-22		⑭	841,500

　非常に見にくい明細書になっています。また自治体ごとに形式はバラバラです。ほぼ似たようなことが記載されているのですが、見る度になんとか統一されないものかといつも思います。

　仕事柄、過去、数えきれない数の自治体の明細書を見ていますが、評価額の見つけ方のポイントは、まず「評価額」という単語を探します。この場合、2段目の一番左に「⑤評価額」とあります。次の3段書きが土地（宅地）、その次の3段書きが建物（共同住宅　鉄筋コンクリート）になっていますので、それぞれ3段書きの2段目の一番左の「⑤評価額」が土地の評価額（A）、建物の評価額（B）となります。

　各々の按分の割合は、「図6-3-13」のとおりになります。

　弊社では、この土地・建物の売買金額や消費税の記載がない場合の「取得価額算定Excelシート」も作成しております。これもダウンロード可能なので、一括取得の場合で土地・建物の各々金額が不明な場合はご

図6-3-13 | 固定資産税評価額を使った「建物と土地の取得価額」の計算式

利用頂ければと思います。

　参考として、土地・建物の売買金額や消費税の記載がない場合の「取得価額算定Excelシート」のサンプルを「図6-3-14」に載せておきます。基本的に消費税が記載された売買契約書の時と同様の取引精算書と仮定します。

　取得価額の按分基準について、築古の建物の場合は注意が必要です。何度かリフォーム工事を行っていた場合、リフォーム工事の金額は固定資産税評価額に反映されていない可能性があるからです。

　この場合、リフォーム工事金額も加味した積算価格によって、取得価額の按分をすべきという裁決例がでています。

　もし固定資産税評価額を按分基準とすると、買主である納税者側が過少に建物の取得価額を算定したことになるので、過去に大規模なリフォーム工事を施した物件を購入する際は、専門家である税理士に相談したほうがよいでしょう。

　減価償却費の計上、売却時の売却原価（簿価）等、将来の納税額に大きな影響を及ぼす可能性があります。

図6-3-14 「取得価額算定Excelシート」（消費税等がわからない場合）の入力例

売買契約書の売買代金の総額　① 土地建物合計金額　**100,000,000**　← 売買契約書に記載されている売買代金の総額を入力します。
「売買契約書」の『売買代金総額』を入力します。

※売買契約書に消費税の金額が記載されていない場合
この場合は、購入物件の固定資産評価額を使って合理的に土地の取得費と建物の取得費を区分する必要があります。お手許に物件購入時に取得した、土地の平成23年度固定資産税評価額証明書、建物の平成23年度固定資産税評価証明書を使って区分しましょう。

●購入年度の 家屋 固定資産税評価証明書に記載されている評価額
　　　　a, 建物固定資産税評価額　**49,500,000**　← 建物の固定資産税評価額を入力します。
建物の固定資産税評価額の金額を入力します。

●平成23年度 土地 固定資産税評価証明書に記載されている評価額
　　　　b, 土地固定資産税評価額　**50,500,000**　← 土地の固定資産税評価額を入力します。
土地の固定資産税評価額の金額を入力します。

◎土地固定資産税評価額はマンション全体の土地の評価額で記載されています。そのため、あなたの所有している土地の持分のみの固定資産税評価額を計算する必要があります。
売買契約書の土地の項目の中に『敷地権の割合・共有持分』の割合を入力してください。

例）59万6325分の7556と記載されている場合　　例）596,325　　7,556
　　　　　　　　　　　　　　　　　　　　　　　　　　1　　　　1

売買契約書の『敷地権の割合・共有持分』の割合を入力してください。

　　　　b, 所有持分土地固定資産税評価額　**50,500,000**
　　　　②建物基礎取得費　**49,500,000**　＝①×(a/a+b)
　　　　③土地基礎取得費　**50,500,000**　＝①－②

※仲介手数料・固定資産税精算金以外の取得価額に参入する金額
　　　　a, **0**　← 下記Aの集計欄の合計額が移記されます。

※物件購入に際し、不動産業者に支払った仲介手数料（支払がない場合は0）を入力
取引精算書に記載されている仲介手数料の金額を入力します。　b, **3,366,000**　← 仲介手数料の領収証の金額を入力します。

※物件購入に際し、前所有者に対して支払った未経過の固定資産税相当額（購入日以後の分の固定資産税分）を入力
（物件購入の際、前所有者との家賃の精算明細含め、取引精算計算書に記載されています。）
取引精算書に記載されている固定資産税精算金の金額を入力します。　c, **202,280**　← 引渡時の取引精算書を参考に入力します。

　　　　④ **3,568,280**　＝a+b+c
　　A、取得費合計　**103,568,280**　＝①+④
　　B、建　物　取得費　**51,266,299**　＝(④×②/①)+②
この金額が建物の取得価額になります。　※この金額が減価償却の基礎になります！
　　C、土　地　取得費　**52,301,981**　＝A－B

A. b, c以外に取得価額に参入する金額がある場合は下記に入力

日付	内容	支払額	領収書の有無
合計		0	

この金額が土地の取得価額になり、売却の際の売却簿価になります。
仲介手数料・固定資産税精算金以外に取得価額に参入したい支出金額がある場合はここに入力します。

物件購入完了時点の損益計算書・貸借対照表

最後に、参考としてここまでの取引を反映させた損益計算書と貸借対照表を見てみましょう。

タイトルの末尾にカッコ書きでそれぞれ「残高試算表」と記されています。

残高試算表は決算書の簡易版といえます。決算書は基本的に定められた年（法人なら事業年度）に一度、作成する書類（本決算、第１〜３四半期決算）ですが、この残高試算表は年（事業年度）の中途において、今現在どれくらいの売上高があって、どれくらいの利益がでているのか？　また、どれくらいの現金預金または借入金があるのか？　を把握するために、簡易的に作成する決算書という意味合いがあります。

新しく物件を取得するために融資を受ける際、金融機関から直近の残高試算表の提出を求められるケースが多いようです。

例えば、令和５年度に１棟物件を購入して、令和６年５月頃に金融機

図6-3-15 | 令和６年６月30日までの損益計算書（残高試算表）

損　益　計　算　書

鈴木　一郎
単位：円

自　令和６年１月１日　至　令和６年６月30日

勘定科目	前月繰越	当月借方	当月貸方	当月残高	構成比 %
[不動産収益]					
賃貸料	0	0	125,000	125,000	100.00
不動産収益合計	0	0	125,000	125,000	100.00
[必要経費]					
租税公課	15,000	390,000	0	405,000	324.00
外注管理費	0	8,250	0	8,250	6.60
支払手数料	0	1,010,000	0	1,010,000	808.00
その他の経費	0	1,680	0	1,680	1.34
必要経費合計	15,000	1,409,930	0	1,424,930	1,139.94
差引金額	-15,000		-1,284,930	-1,299,930	-1,039.94
[差引損益計算]					
控除前所得	-15,000		-1,284,930	-1,299,930	-1,039.94

図6-3-16 令和6年6月30日までの貸借対照表(残高試算表)

貸 借 対 照 表

鈴木 一郎
単位:円

自 令和6年1月1日 至 令和6年6月30日

勘定科目	前月繰越	当月借方	当月貸方	当月残高	構成比(対売上比)(%)
[現金・預金]					
普通預金	0	99,776,530	99,776,530	0	0.00
現金・預金合計	0	99,776,530	99,776,530	0	0.00
[売上債権]					
売上債権合計	0	0	0	0	0.00
[有価証券]					
有価証券合計	0	0	0	0	0.00
[棚卸資産]					
棚卸資産合計	0	0	0	0	0.00
[他流動資産]					
仮払金	5,000,000	98,568,280	103,568,280	0	0.00
他流動資産合計	5,000,000	98,568,280	103,568,280	0	0.00
流動資産合計	5,000,000	198,344,810	203,344,810	0	0.00
[有形固定資産]					
建物	0	51,266,299	0	51,266,299	49.17
土地	0	52,301,981	0	52,301,981	50.16
有形固定資産計	0	103,568,280	0	103,568,280	99.33
[無形固定資産]					
無形固定資産計	0	0	0	0	0.00
[投資等]					
長期前払費用	0	700,000	0	700,000	0.67
投資等合計	0	700,000	0	700,000	0.67
固定資産合計	0	104,268,280	0	104,268,280	100.00
[繰延資産]					
繰延資産合計	0	0	0	0	0.00
[事業主貸]					
事業主貸合計	0	0	0	0	0.00
[諸口]					
資産の部合計	5,000,000	302,613,090	203,344,810	104,268,280	100.00
[流動負債]					
借入金	0	0	95,000,000	95,000,000	91.11
保証金・敷金	0	0	600,000	600,000	0.58
流動負債合計	0	0	95,600,000	95,600,000	91.69
[固定負債]					
固定負債合計	0	0	0	0	0.00
[事業主借]					
事業主借	5,015,000	0	4,953,210	9,968,210	9.56
事業主借合計	5,015,000	0	4,953,210	9,968,210	9.56
負債合計	5,015,000	0	100,553,210	105,568,210	101.25
[資本]					
控除前所得	-15,000		-1,284,930	-1,299,930	-1.25
資本合計	-15,000	0	-1,284,930	-1,299,930	-1.25
負債・資本合計	5,000,000	0	99,268,280	104,268,280	100.00

関に融資をお願いするとします。その際、この残高試算表の提出を求められたりします。

　令和5年の成績・財政状態をまとめた令和5年の決算書は、すでに個人の確定申告までに作成して税務署に提出済みです。でも、それは令和6年1月1日〜現在までの成績・財政状態をあらわす書類ではありません。

　そこで金融機関は直近の賃貸業の状況を確認すべく、このような試算表の提出を求めてくるのです。大体、提出を求められる期間は、現時点から1〜2カ月前までの期間をまとめた試算表となります。この例でいえば、令和6年1月1日〜3月31日の期間の残高試算表ということになります。

　このような場合、決算書の作成を税理士事務所に依頼している投資家は、令和6年1月1日〜3月31日の間の預金通帳のコピーやら、管理会社から送付された家賃支払明細書、借入金の返済予定表等、その他、残高試算表を作成するすべての書類を税理士に送って、イレギュラーな仮の決算書である残高試算表の作成を依頼することになります。

　税理士が丁度、時間が空いている期間ならまだしも、3月15日付近の個人の確定申告の提出期限間近の繁忙期にぶつかると時間的に対応して貰えないこともあったりします。

　そのためにも繰り返しになりますが、決算書はなるべく自分自身で作成できる能力を身に付けておいたほうがよいのです。

　次項では、この決算書の作成のキモであり、ルーチンで作業可能な家賃、経費の取引の仕訳入力を中心に説明していきます。

　これをマスターすれば金融機関からの急な試算表の提出要請も難なくこなせるようになるでしょう。

6-4 物件賃貸時の仕訳
賃貸中の仕訳はクラウド会計ソフトで効率化する

KEYPOINT
- 賃貸中は「普通預金通帳、立替領収書、減価償却」の仕訳が肝になる
- クラウド会計ソフトを使えば、かなりの手間を削って仕訳が完了する
- 不動産投資の経費計上範囲は、かなり限定されている

物件賃貸中の取引は主に3つ

物件賃貸中の取引は大きく3つに分けられます。

> ①普通預金通帳からの取引
> ②立替領収証からの取引
> ③減価償却費等の計上取引（決算整理）

賃貸中は、上記3つの取引をくまなく「仕訳」すれば、決算書は完成です。一つずつ説明していきますね。

> ① 普通預金通帳からの取引
> 普通預金通帳の入出金金額から取引を読み取ります。
> 次の書類を補助資料として、取引を立体化させ、仕訳して会計ソフトに入力。
> A 物件管理会社からの毎月の「家賃支払明細書」
> B 金融機関からの「借入金返済予定表」

C 通帳に入金された各種取引の「支払明細書」
D 通帳から引き落とされた費用に係る「領収証」等

②立替領収証からの取引
投資家個人が現金等（1の普通預金口座から支払った領収証を除く）で立替払いした領収証から取引を読み取り、仕訳して会計ソフトに入力。

③減価償却費等の計上取引
計算対象期間において、新規物件購入があった場合、耐用年数を算定して、減価償却費の計上、当期分損害保険料の振替処理。但し、計算対象期間において新規取得物件購入がない場合は耐用年数算定の必要がないので、前年以前に定めた耐用年数による減価償却費の計上、当期分損害保険料の振替処理のみとなります。
必要な数字は、購入時の資料（建物の登記簿謄本）、保険証券の写し（火災・地震保険）、「見積耐用年数の算定Excelシート」（本書の無料特典など）から読み取ります。

クラウド型会計ソフトの入力とは？

　前章までは、インストール型会計ソフトへの入力を前提として説明してきました。
　インストール型会計ソフトは、一つ一つ仕訳を手入力しますが、時間的にも、作業的にも大きな負担が掛からざるを得ません。
　経験者にとっては手慣れた作業でも、入力初心者にとっては特に大きな負担となると想像されます。
　一方、クラウド会計ソフトを使用することにより、次の効率化ができ

ます。

> **クラウド会計ソフトで効率化できる作業**
> A　普通預金通帳からの取引
> B　立替領収証からの取引

　クラウド型会計ソフトでは、普通預金口座の口座情報（普通預金通帳そのものの情報です）をクラウド型会計ソフトと連携することにより、クラウド型会計ソフトが普通預金通帳から取引を推定し、仕訳作成し、その仕訳を自動的に起こしてくれます。

　さらに、立替領収書では、専用のEXCELシートに立て替えた経費の領収証を見ながら取引の日付、勘定科目、内容を入力し、そのExcelシートをクラウド型会計ソフトに取り込むことで、自動的に仕訳に変換され、入力されます。

　また、立て替えた経費の領収証を1枚1枚スマートフォンで写真撮影し、そのデータをクラウド型会計ソフトに取りこむことで、自動的に仕訳に変換することもできます。

　ただし、クラウド型会計ソフトにおいても、「購入時の取引」は残念ながらインストール型会計ソフトと同じ方法により入力する必要があります。

　以上2つの代表的な取引をクラウド会計ソフトでは具体的にどのような手順で入力していくのか。クラウド会計ソフトによって操作方法は異なりますが、基本的な操作は共通しているので、ここでは基本的な操作方法を説明していきます。

管理会社から振り込まれた賃貸料の仕訳

　「図6-4-1」に普通預金通帳のサンプルを用意しました（物件購入した

際の普通預金通帳をそのまま使ってサンプルにしています）。

図6-4-1 「普通預金通帳」から取引を読み取る

令和6年6月25日〜　普通預金通帳　抜粋
東関東銀行　千葉北支店　鈴木一郎　普通預金　No.1065527

年月日	摘要	お支払金額	お預り金額	差引残高
2024/3/31	ご新規			0
2024/6/25	証書貸付		94,098,320	94,098,320
2024/6/25	振込	スズキイチロウ	4,953,210	99,051,530
2024/6/25	振込	94,485,530	カブ）○○○　売主	4,566,000
2024/6/25	振込	3,366,000	イナガキフドウサン（カ	1,200,000
2024/6/25	振込	500,000	シホウショシホウジンビー	700,000
2024/6/25	振込	700,000	○×ソンガイホケン	0
2024/7/10	振込	イナガキフドウサン（カ	595,390	595,390
2024/7/15	返済	281,658		313,732
2024/7/20	振込	○×ボトラーズジャパ	1,418	315,150
2024/7/31	振込	34,900	ユ）●×コウムテン	280,250
2024/8/10	振込	イナガキフドウサン（カ	559,690	875,640

上記、口座情報をクラウド型会計ソフトに連携すると、「**図6-4-2**」のようにクラウド会計ソフト上に、会計ソフトが口座情報から推定した仕訳候補ページが表示されます（7月分のみを処理）。

図6-4-2 クラウド型会計ソフトで自動作成した「仕訳候補ページ」

連携金融機関名　東関東銀行　千葉支店

仕訳登録	取引日	金額	摘要	相手勘定科目	補助科目
☑	7/10	595,390	イオナガキフドウサン（カ	賃貸料	
☑	7/15	−281,658	ヘンサイ	借入金	
☐	7/20	1,418	○×ボトラーズジャパン	？	
☑	7/31	−34,900	ユ）●×コウムテン	修繕費	
☐	8/10	559,690	イオナガキフドウサン（カ	？	

連携した通帳の日付、金額（預入は、金額のみの表示、払出は「−」表示が多いようです）摘要が表示され、その次に会計ソフトが推定した

相手勘定科目が表示されます。

　これらを正しい科目に修正し、完了したら左の仕訳登録欄にチェックマークを入れ、仕訳として登録します。

　相手勘定科目欄の「？」マークは会計ソフトが推定できなかったことを表しています。ここでは、7月20日は「その他の収入」8月10日は「賃貸料」として修正します。

　最後に、仕訳登録欄にチェックを入れ登録ボタンを押します。

図6-4-3｜相手勘定科目修正後の「仕訳候補ページ」

連携金融機関名　東関東銀行　千葉支店

仕訳登録	取引日	金額	摘要	相手勘定科目	補助科目
☑	7/10	595,390	イナガキフドウサン(カ	賃貸料	
☑	7/15	−281,658	ヘンサイ	借入金	
☑	7/20	1,418	○×ボトラーズ・ジャパン	その他の収入	
☑	7/31	−34,900	1)　●×コウムテン	修繕費	
☑	8/10	559,690	イナガキフドウサン(カ	賃貸料	

すると会計ソフトには「図6-4-4」の仕訳が自動的に入力されます。

図6-4-4｜クラウド型会計ソフトによる口座連携による入力結果

【鈴木一郎　個人バージョン】

日付	借方（左側）勘定科目	借方（左側）金額	貸方（右側）勘定科目	貸方（右側）金額	摘要
7/10	普通預金	595,390 円	賃貸料	595,390 円	イナガキフドウサン(カ
	貸借対照表【資産】の増加		損益計算書【収益】の発生		
7/15	借入金	281,658 円	普通預金	281,658 円	ヘンサイ
	貸借対照表【負債】の減少		貸借対照表【資産】の減少		
7/20	普通預金	1,418 円	その他の収入	1,418 円	○×ボトラーズ・ジャパン
	貸借対照表【資産】の増加		損益計算書【収益】の発生		
7/31	修繕費	34,900 円	普通預金	34,900 円	1)　●×コウムテン
	損益計算書【費用】の発生		貸借対照表【資産】の減少		

法人の場合、「借入金」が「長期借入金」となる（詳細は後述）

摘要欄は通帳に記載された内容がそのまま移記されるので適宜、仕訳内容に沿った摘要に修正する必要がありますが、仕訳に相当する補助資料をしっかり保存していれば、摘要にそう神経質にはならなくてもよいでしょう。

　ただし1番上の仕訳の借方（左側）「普通預金　595,390円」の反対側である貸方（右側）の科目は「賃貸料」だけとは限りません。ここで、考えなければいけないことがいくつかあります。

・収益として認識してはいけない敷金も含まれた金額ではないか？
・更新料は含まれていないか？
・稲垣不動産㈱に対する管理料はどうなっている？　管理料を差し引いた後の家賃額が振り込まれているのか？

　この仕訳では、上記の問題がクリアできていません。
　これについては、稲垣不動産から送られてきている（はずである）7月分の「家賃支払明細書」を確認すればわかります。
　「図6-4-5」の家賃支払明細書のサンプルをご覧ください。
　これを見ると、敷金や更新料、管理料などがいくらかかり、その結果、595,390円が振り込まれたのだとわかります。
　これを仕訳していきましょう。
　賃貸料と共益費の合計額625,000円（569,000円＋56,000円、A）は「賃貸料」という勘定科目を使います。「収益の発生」としての認識です。
　「敷金／保証金」の合計額70,000円（B）は「預り敷金」という勘定科目を使用し、「負債の増加」として認識します。

　振込額595,390円が収益と費用の相殺で構成されているのであれば、先程の仕訳は、収益と費用が相殺された金額を、収益と計上しているの

図6-4-5 「家賃支払明細書」から取引を読み取る

家賃支払明細書

令和6年7月分
稲垣不動産㈱

鈴木一郎　様

収入明細　①

年月	部屋No.	契約者名	賃貸料	共益費	駐車料	敷金/保証金	礼金/更新料	町会費等	その他	合計
R6/7	101	○○ ××	71,000	7,000	0	0	0	200	0	78,200
〃	102	○○ ××	71,000	7,000	0	0	0	200	0	78,200
〃	103	○○ ××	71,000	7,000	0	0	70,000	200	0	148,200
〃	104	○○ ××	71,000	7,000	0	0	0	200	0	78,200
〃	201	○○ ××	71,000	7,000	0	0	0	200	0	78,200
〃	202	○○ ××	71,000	7,000	0	70,000	0	200	0	148,200
〃	203	○○ ××	71,000	7,000	0	0	0	200	0	78,200
〃	204	○○ ××	72,000	7,000	0	0	0	200	0	79,200
		合計	569,000	56,000	0	70,000	70,000	1,600	0	766,600
			A			B	C	D		

支出明細　②

項目	部屋No.	摘要	税込金額	備考
委託管理料		管理料5%	31,250	E
日常清掃			33,000	F
共用部電気料			2,000	G
共用部水道料			3,500	H　2ヵ月に1回
ドア修繕代	203		29,800	I
広告宣伝費			71,000	J　賃貸募集費
		合計	170,550	

収入明細　①　合計	支出明細　②　合計	お支払総額　①-②
766,600	170,550	596,050

〈振込先口座〉

金融機関	種別	口座番号	支払金額	振込料	振込金額
東関東銀行　千葉北支店	普通	1065527	596,050	660	595,390

※お振込みは7/10を予定させて頂いております。　　　　　　　K

で損益的には問題ないと考えられます。

　しかし、収入明細の中に「収益に計上すべきでない負債」が含まれているなら話は別です。595,390円は、預り敷金という負債も含んだ金額

220

になるので、この仕訳は意味をなさなくなるという訳です。

「礼金／更新料」の70,000円（C）は「更新料」という勘定科目を使用し「収益の発生」として認識します。

今回の更新料は、貰いっぱなしで返還する必要がない収入となりますので、収益です。

町会費等（D）の合計額は「その他の収入」または「雑収入」という勘定科目を使用し、「収益の発生」として認識します。「賃貸料収入」と同様、収益なのですが、物件本体の賃貸料以外の収入という事を明確にす

図6-4-6 賃貸中の「家賃等」の取引と仕訳

●取引の発生　7月10日、管理会社から7月分の家賃が普通預金口座に振り込まれた。（入金額は家賃、管理料等の相殺額であるため、家賃支払明細書を参考に取引を仕訳化）

【鈴木一郎　個人バージョン】

日付	借方（左側） 勘定科目	金額	貸方（右側） 勘定科目	金額	摘要
6/25	普通預金 貸借対照表【資産】の増加	595,390円	賃貸料 損益計算書【収益】の発生	625,000円	○○××ほか7名　アパート松戸　7月分家賃
6/25			保証金・敷金 貸借対照表【負債】の増加	70,000円	○○××　アパート松戸　預り敷金
6/25			更新料 損益計算書【収益】の発生	70,000円	○○××　アパート松戸　更新料
6/25			その他の収入 損益計算書【収益】の発生	1,600円	○○××　アパート松戸　町会費　回収
6/25	外注管理費 損益計算書【費用】の発生	31,250円			稲垣不動産㈱　7月分委託管理料
6/25	修繕費 損益計算書【費用】の発生	33,000円			稲垣不動産㈱　7月分日常清掃費用
6/25	水道光熱費 損益計算書【費用】の発生	2,000円			稲垣不動産㈱扱い　7月分共用部電気料
6/25	水道光熱費 損益計算書【費用】の発生	3,500円			稲垣不動産㈱扱い　6〜7月分共用部水道料
6/25	修繕費 損益計算書【費用】の発生	29,800円			稲垣不動産㈱扱い　203号室ドア修理代
6/25	広告宣伝費 損益計算書【費用】の発生	71,000円			稲垣不動産㈱扱い　賃貸募集費用
6/25	その他の経費 損益計算書【費用】の発生	660円			稲垣不動産㈱　振込手数料

【合同会社　鈴木一郎　法人バージョン】個人の鈴木一郎と同様の仕訳のため記載なし

るために、「賃貸料以外の関連収入」という意味で区分してあらわします。

次に家賃支払明細書内の「支出明細②」を見ていきましょう。E〜Kまでの項目は、まぎれもなく費用性のあるものになりますので、すべて「費用の発生」として仕訳します。

以上をまとめると、「図6-4-6」のような仕訳になります。

今回の仕訳は、会計ソフトの「振替伝票」に入力します。

入力すると、「図6-4-7」のような振替伝票が会計ソフトで作成されます。

図6-4-7｜家賃等の振替伝票への入力結果

振替伝票

令和6年7月10日

借方勘定科目 借方補助科目	借方金額	貸方勘定科目 貸方補助科目	貸方金額	摘要
普通預金 東関東銀行	595,390	賃貸料	625,000	○○ ×× ほか7名　アパート松戸　7月分家賃
		保証金・敷金	70,000	○○ ×× ほか7名　アパート松戸　預り敷金
		更新料	70,000	○○ ×× ほか8名　アパート松戸　更新料
		その他の収入	1,600	○○ ×× ほか9名　アパート松戸　町会費回収
外注管理費	31,250			稲垣不動産㈱　7月分委託管理料
修繕費	33,000			稲垣不動産㈱　7月分日常清掃費用
水道光熱費	2,000			稲垣不動産㈱扱い　7月分共用部電気料
水道光熱費	3,500			稲垣不動産㈱扱い　7月分共用部水道料
修繕費	29,800			稲垣不動産㈱　203号室ドア修理代
広告宣伝費	71,000			稲垣不動産㈱扱い　賃貸募集費
その他の経費	660			稲垣不動産㈱扱い　振込手数料
	766,600		766,600	合計

上記、振替伝票が会計ソフトに反映されることで、会計ソフト上の普

通預金残高は「図6-4-8」の網掛け部分の595,390円となり、「図6-4-9」の普通預金通帳残高595,390円と合致します。

図6-4-8 | 会計ソフト「普通預金」勘定（7月10日時点）

日付	相手勘定科目	借方金額	貸方金額	残高	摘要
6/25	仮払金		95,000,000	-95,000,000	㈱○○　アパート松戸　残金支払
6/25	仮払金		202,280	-95,202,280	㈱○○　未経過固定資産支払
6/25	仮払金		3,366,000	-98,568,280	稲垣不動産㈱　売買仲介手数料
6/25	外注管理費		8,250	-98,576,530	㈱○○　アパート松戸　日割管理料
6/25	賃貸料	125,000		-98,451,530	㈱○○　アパート松戸　日割家賃
6/25	保証金・敷金	600,000		-97,851,530	㈱○○　アパート松戸　承継預り敷金
6/25	支払手数料		110,000	-97,961,530	司法書士法人 B&B　所有権移転登記手数料
6/25	租税公課		390,000	-98,351,530	司法書士法人 B&B　所有権移転登記印紙代
6/25	長期前払費用		700,000	-99,051,530	○×損害保険会社　火災・地震保険料5年分
6/25	借入金	94,098,320		-4,953,210	東関東銀行　借入
6/25	事業主借	4,953,210		0	鈴木一郎　借入
	6月度合計	99,776,530	99,776,530	0	
7/10	諸口	595,390		595,390	○○××ほか7名　アパート松戸　7月分家賃

図6-4-9 | 「普通預金通帳」から取引を読み取る

令和6年6月25日〜　普通預金通帳　抜粋

年月日	摘要	お支払金額	お預り金額	差引残高
2024/3/31	ご新規			0
2024/6/25	証書貸付		94,098,320	94,098,320
2024/6/25	振込	スズキイチロウ	4,953,210	99,051,530
2024/6/25	振込	94,485,530	カブ）○○○　売主	4,566,000
2024/6/25	振込	3,366,000	イナガキフドウサン（カ	1,200,000
2024/6/25	振込	500,000	シホウショシホウジンビービー	700,000
2024/6/25	振込	700,000	○×ソンガイホケン	0
2024/7/10	振込	イナガキフドウサン（カ	595,390	595,390
2024/7/15	返済	281,658		313,732
2024/7/20	振込	○×ボトラーズジャパ	1,418	315,150
2024/7/31	振込	34,900	1）●×コウムテン	280,250
2024/8/10	振込	イナガキフドウサン（カ	559,690	839,940

両者の残高の一致が、会計ソフトの入力が正確であることを担保してくれます。1円でも異なる場合、どこかで入力が間違っていることを示します。

また、「普通預金」勘定中（図6-4-8）、7月10日の仕訳の相手勘定科目の欄には「諸口（しょくち）」という見慣れない単語が記載されています。7月10日の取引の振替伝票（図6-4-7）に「普通預金　595,390円」の相手方

図6-4-10｜賃貸中の「家賃等」の取引と仕訳

●取引の発生　7/10、管理会社から7月分の家賃が普通預金口座に振り込まれた。（入金額595,390円は家賃、管理料等の相殺額であるため、家賃支払明細書を参考に取引を仕訳化）

【鈴木一郎　個人バージョン】

日付	借方（左側）勘定科目	金額	貸方（右側）勘定科目	金額	摘要
7/10	普通預金	595,390円	賃貸料	625,000円	○○××ほか7名　アパート松戸　7月分家賃
	貸借対照表【資産】の増加		損益計算書【収益】の発生		
7/10			保証金・敷金	70,000円	○○××　アパート松戸　預り敷金
			貸借対照表【負債】の増加		
7/10			更新料	70,000円	○○××　アパート松戸　更新料
			損益計算書【収益】の発生		
7/10			その他の収入	1,600円	○○××　アパート松戸　町会費　回収
			損益計算書【収益】の発生		
7/10	外注管理費	31,250円			稲垣不動産㈱　7月分委託管理料
	損益計算書【費用】の発生				
7/10	修繕費	33,000円			稲垣不動産㈱　7月分日常清掃費用
	損益計算書【費用】の発生				
7/10	水道光熱費	2,000円			稲垣不動産㈱扱い　7月分共用部電気料
	損益計算書【費用】の発生				
7/10	水道光熱費	3,500円			稲垣不動産㈱扱い　6〜7月分共用部水道料
	損益計算書【費用】の発生				
7/10	修繕費	29,800円			稲垣不動産㈱扱い　203号室ドア修理代
	損益計算書【費用】の発生				
7/10	広告宣伝費	71,000円			稲垣不動産㈱扱い　賃貸募集費用
	損益計算書【費用】の発生				
7/10	その他の経費	660円			稲垣不動産㈱　振込手数料
	損益計算書【費用】の発生				

【合同会社　鈴木一郎　法人バージョン】個人の鈴木一郎と同様の仕訳のため記載なし

の勘定科目が一つでなく、「賃貸料」、「保証金・敷金」、「更新料」等、複数ある際、「普通預金」勘定の相手勘定科目の欄には、「諸口」と記載されます。

ということは、相手勘定科目の欄に「諸口」と記されている仕訳は、振替伝票が起票されている。単一単純な仕訳ではなく「普通預金」勘定の相手側勘定が複数ある取引と考えられます。

クラウド型会計ソフトでも、同様の修正が必要です。

自動入力した仕訳に、「図6-4-10」のように入力した枠部分の仕訳を修正・追加入力します。

仕訳のコピーないしは仕訳登録機能があるので、該当の仕訳をコピーして日付、金額を変更して登録することもできますし、該当の仕訳を呼び出して日付、金額、科目を入力することも可能です。

所有物件が1物件なら、該当の仕訳を12カ月分、振替伝票12枚を作成入力すれば作業は完了です。

金融機関への「借入金返済」の仕訳

次は金融機関の借入金の返済を見ていきましょう。

図6-4-9（223ページ）の普通預金通帳には、7月15日に「お支払金額」として281,658円が引き落とされています。これは、東関東銀行千葉北支店への毎月の借入金返済取引です。

クラウド型会計ソフトとの口座連携による入力結果は、「図6-4-11」

図6-4-11｜口座連携によるクラウド型会計ソフトの入力結果（借入金の返済）

【鈴木一郎　個人バージョン】

日付	借方（左側）		貸方（右側）		摘要
	勘定科目	金額	勘定科目	金額	
7/15	借入金	281,658円	普通預金	281,658円	ヘンサイ
	貸借対照表【負債】の減少		貸借対照表【資産】の減少		

法人の場合、「借入金」が「長期借入金」となる

の仕訳です。

　ただしこの金額は、「元金の返済額」と「支払利息の支払額」の合計額であるため、さらに仕訳をする必要があります。

　これについては、借入後ほどなく金融機関から送られてくる「返済予定表」を見ます。借り入れた9,500万円の返済期間における元金返済額と利息支払額の内訳が記載されています。

図6-4-12 「返済予定表」

ご返済予定表

東関東銀行
取扱店：千葉北支店

鈴木　一郎　様

貸出年月日	最終返済日	年利率	当初貸出金額	毎月返済分
2025　6　25	2059　6　15	1.3%	95,000,000 円	95,000,000 円

元金残回数	約定返済日	返済金融機関	種類	口座番号	返済方式
420 回	15 日	東関東銀行　千葉北支店	普通	1065527	元利均等

	約定返済日	返済金額	毎月返済分 元金	毎月返済分 利息	返済後残高 毎月返済分
1	2024　07　15	281,658	178,742	102,916	94,821,258
2	2024　08　15	281,658	178,935	102,723	94,642,323
3	2024　09　15	281,658	179,129	102,529	94,463,194
4	2024　10　15	281,658	179,323	102,335	94,283,871
5	2024　11　15	281,658	179,518	102,140	94,104,353
6	2024　12　15	281,658	179,712	101,946	93,924,641
7	2025　01　15	281,658	179,907	101,751	93,744,734
8	2025　02　15	281,658	180,102	101,556	93,564,632
9	2025　03　15	281,658	180,297	101,361	93,384,335
10	2025　04　15	281,658	180,492	101,166	93,203,843
11	2025　05　15	281,658	180,688	100,970	93,023,155
12	2025　06　15	281,658	180,883	100,775	92,842,272
13	2025　07　15	281,658	181,079	100,579	92,661,193
14	2025　08　15	281,658	181,276	100,382	92,479,917
15	2025　09　15	281,658	181,472	100,186	92,298,445
16	2025　10　15	281,658	181,669	99,989	92,116,776
〜	〜	〜	〜	〜	〜
420	2059　06　15	281,427	281,123	304	0

元金の返済は「借入金」という「負債」の減少、支払利息は「支払利息」という「費用」の発生となり、正しい仕訳は次のようになります。

仕訳の下にもう一つ仕訳を追加する機能が、多くのクラウド型会計ソフトに付いています。この機能を使って、「図6-4-13」のように借入金の返済予定表を見ながら支払利息部分の102,916円の仕訳を一つ加え、借入金の返済額281,658円を178,742円に修正します。

図6-4-13 | 賃貸中の「借入金返済」の取引と仕訳

●取引の発生　7月15日、東関東銀行からの借入金の返済の引き落としが実行された。
　　　　　　（引落金額は元利合計額なので返済予定表を参考に取引を仕訳化）

【鈴木一郎　個人バージョン】

日付	借方（左側）		貸方（右側）		摘要
	勘定科目	金額	勘定科目	金額	
7/15	借入金	178,742円	普通預金	281,658円	東関東銀行千葉北支店 返済
	貸借対照表【負債】の減少		貸借対照表【資産】の減少		
7/15	借入金利子	102,916円			東関東銀行千葉北支店 借入利息
	損益計算書【費用】の発生				

【合同会社　鈴木一郎　法人バージョン】

日付	借方（左側）		貸方（右側）		摘要
	勘定科目	金額	勘定科目	金額	
7/15	長期借入金	178,742円	普通預金	281,658円	東関東銀行千葉北支店 返済
	貸借対照表【負債】の減少		貸借対照表【資産】の減少		
7/15	借入金利子	102,916円			東関東銀行千葉北支店 借入利息
	損益計算書【費用】の発生				

上記、個人バージョンと法人バージョンで勘定科目が違いますが、内容は同様です。法人は同じ借入金でも、会計上の決まりで、決算日から1年以内に返済期日が到来する「短期借入金」、決算日から1年を超えて返済期日が到来する「長期借入金」と区分されるため、個人と異なった勘定科目を使用します。

以上、インストール型会計ソフトに入力すべく仕訳とクラウド型会計ソフトの口座連携による自動入力の結果を受けての修正仕訳の説明でし

た。いかがだったでしょうか？　実際に操作して感じるのは、クラウド型会計ソフトの学習能力の高さです。連携による入力をすればするほど、その精度が高まってくることを実感します。

面倒くさいと感じるのは、月に一度送られてくる「家賃支払明細書」からの仕訳入力ですが、同じ物件であれば、修繕費の多少、入居時の敷金等の有無、隔月の共有部水道代の入力等、多少の勘定科目の追加・修正および金額の変更で済みます。

慣れるとインストール型会計ソフトとは格段の利便性を感じることができるでしょう。

不動産投資以外の入出金の仕訳

不動産投資家の中には、不動産投資専用の普通預金口座は持っておらず、主として給料の振込用（生活用）に使っている普通預金口座を、賃貸業でも入出金口座として使用している不動産投資家も少なくはないでしょう。

この場合、賃貸業以外の入金（勤務先からの給料・賞与入金）については、

> 〇/〇　普通預金　××円 ／ 事業主借　××円　個人給与入金分

という仕訳を起こして会計ソフトに入力します。

ほかにも、子供の塾の月謝の支払い等、賃貸業以外の出金については、

> 〇/〇　事業主貸　××円 ／ 普通預金　××円　個人　子供の塾代

と入力し、必ず会計ソフト上の「普通預金」勘定残高と普通預金通帳の残高が一致するようにしてください。

くどいですが、「普通預金」勘定残高と普通預金通帳の残高が一致していることが、決算書の信用力を担保します。

入金取引でいえば、購入前に設置されていた自動販売機の手数料が「普通預金」口座に入金され、「図6-4-14」の明細書が届いたりします。

図6-4-14 | 「自動販売機手数料明細書」のサンプル

	自動販売機手数料明細書		
送付先	送付元	通知日	2024/7/1
鈴木一郎	○×ボトラーズ・ジャパン株式会社	締日	2024/6/30
		支払日	2024/7/20

売上総数	売上総額	販売手数料（税込）	支払額
40	5,672	1,418	1,418
お支払い金額（税込）			
		件名：2024年6月分　自動販売機手数料	
振込先	東関東銀行　千葉北支店　鈴木一郎　普通預金　No.××××5527		

わずかな金額ですが「普通預金」口座に入金された立派な取引です。「図6-4-15」のような仕訳を起こします。

図6-4-15 | 賃貸中の「自動販売機手数料」の取引と仕訳

●取引の発生　物件脇に設置してある自動販売機の販売手数料が普通預金口座に振り込まれた。
【鈴木一郎　個人バージョン】

日付	借方（左側）		貸方（右側）		摘要
	勘定科目	金額	勘定科目	金額	
7/20	普通預金	1,418円	その他の収入 又は　雑収入	1,418円	○×ボトラーズ・ジャパン㈱　6月分自販機手数料
	貸借対照表【資産】の増加		損益計算書【収益】発生		

【合同会社　鈴木一郎　法人バージョン】個人の鈴木一郎と同様の仕訳のため記載なし

また、所有物件について修繕の必要が生じた際、管理会社が手配した修理会社より、自分で見つけた修理会社のほうが安くあがることも往々にしてあります。修理内容によっては金額が大きくなるので、振込処

理を修理会社から依頼されることもあると思います。

その場合、「図6-4-16」のように仕訳を起こします。

図6-4-16 | 賃貸中の「エアコン修理」の取引と仕訳

●取引の発生　205号室のエアコンが故障。㈲●×工務店に修理を依頼。代金は普通預金から振り込みで支払った。

【鈴木一郎　個人バージョン】

日付	借方（左側）		貸方（右側）		摘要
	勘定科目	金額	勘定科目	金額	
7/31	修繕費	34,900円	普通預金	34,900円	㈲●×工務店　エアコン修理代
	損益計算書【費用】の発生		貸借対照表【資産】の減少		

【合同会社　鈴木一郎　法人バージョン】個人の鈴木一郎と同様の仕訳のため記載なし

　このように、エアコンの修理であれば「修繕費」という勘定科目で処理します。

　ちなみに、新たにエアコンを買い替えた場合、30万円未満であれば「消耗品費」という勘定科目を使用します。これは小規模事業者が30万円未満の賃貸に係る資産を購入した場合、その計算対象期間において総額300万円未満までは税務上の費用として認めるという規定に沿ったものです。

　なので30万円未満のエアコンを各10部屋に設置した場合（1台29.9万円であったなら1台29.9万円×10組＝299万円＜300万円未満）は全額を費用として処理することが可能です。

　通常、資産を購入した場合は、建物と同様、「減価償却」という手続きをとって耐用年数にわたって費用化していきます。しかし、多くの従業員を雇うことなく小規模に賃貸業を運営している場合（これを小規模事業者といいます）、上記のような税務上の特例が適用できます。

　申告書上で、この特例を受けることを明確にしなければなりません。また決算書でも損益計算書上、費用「修繕費」という勘定科目を使用します。

　修理内容によっては、それこそ何百万円とかかる修繕も出てくるでし

ょう。この場合、いくら金額が多額でも「通常の維持管理又は原状回復のための支出」であれば、費用として計上できます。

しかし、その支出額のうち、「支出に係る資産の使用可能期間を延長又は価値を増加させる部分の金額」については費用処理することなく建物と同様に「減価償却」の手続きをとって費用とするべく資産に計上します（この場合、勘定科目は「器具備品」という資産の勘定科目が使われます）。これを「資本的支出」といいます。

税務調査の現場において、固定資産（主に建物）の修理、改良のために支出した金額が、納税者と税務署の修理内容の受け取り方の相違によって、支出時全額または一部を「修繕」として費用処理すべきか？　それとも「資本的支出」として資産に計上すべきか？　が争点になる場合が多いです。

ちなみに大規模修繕の中で、建物の外壁塗装を施した場合は、「支出に係る資産の使用可能期間を延長又は価値を増加させる部分の金額」として「資本的支出」にあたります。

1,000万円の支出額をその年の費用で処理するか、耐用年数にわたって分割して費用とするかで、納める税額にはかなりの差が生じます。支出金額が多額で、その修理・改良内容が複雑で判断に迷う場合は、スポットでも税理士ないしは税務署に相談したほうがよいでしょう。

普通預金口座の通帳からの仕訳入力はここまでです。

ここまでの会計ソフトへの入力結果である7月末日現在の「普通預金勘定」と残高試算表を次に示しておきますね。

図6-4-17 | 7月31日時点での会計ソフト「普通預金」勘定

日付	相手勘定科目	借方金額	貸方金額	残高	摘要
6/25	仮払金		95,000,000	−95,000,000	㈱○○　アパート松戸　残金支払
6/25	仮払金		202,280	−95,202,280	㈱○○　未経過固定資産支払
6/25	仮払金		3,366,000	−98,568,280	稲垣不動産㈱　売買仲介手数料
6/25	外注管理費		8,250	−98,576,530	㈱○○　アパート松戸　日割管理料
6/25	賃貸料	125,000		−98,451,530	㈱○○　アパート松戸　日割家賃
6/25	保証金・敷金	600,000		−97,851,530	㈱○○　アパート松戸　承継預り敷金
6/25	支払手数料		110,000	−97,961,530	司法書士法人B&B　所有権移転登記手数料
6/25	租税公課		390,000	−98,351,530	司法書士法人B&B　所有権移転登記印紙代
6/25	長期前払費用		700,000	−99,051,530	○×損害保険会社　火災・地震保険料5年分
6/25	借入金	94,098,320		−4,953,210	東関東銀行　借入
6/25	事業主借	4,953,210		0	鈴木一郎　借入
	6月度合計	99,776,530	99,776,530	0	
7/10	諸口	595,390		595,390	○○××ほか7名　アパート松戸7月分家賃
7/15	諸口		281658	313,732	東関東銀行千葉北支店　返済
7/20	その他の収入	1,418		315,150	○×ボトラーズ・ジャパン㈱　6月分自販機手数料
7/31	修繕費		34900	280,250	㈲●×工務店　エアコン修理代
	7月度合計	200,024,868	101,293,088	0	

図6-4-18 | 7月31日までの損益計算書（残高試算表）

損　益　計　算　書

鈴木　一郎
単位：円

自　令和6年1月1日　至　令和6年7月31日

勘定科目	前月繰越	当月借方	当月貸方	当月残高	構成比%
[不動産収益]					
賃貸料	0	0	750,000	750,000	91.13
更新料	0	0	70,000	70,000	8.51
その他の収入	0	0	3,018	3,018	0.37
不動産収益合計	0	0	823,018	823,018	100.00
[必要経費]					
租税公課	15,000	390,000	0	405,000	49.21
修繕費	0	97,700	0	97,700	11.87
借入金利子	0	102,916	0	102,916	12.50
外注管理費	0	39,500	0	39,500	4.80
水道光熱費	0	5,500	0	5,500	0.67
支払手数料	0	1,010,000	0	1,010,000	122.72
広告宣伝費	0	71,000	0	71,000	8.63
その他の経費	0	2,340	0	2,340	0.28
必要経費合計	15,000	1,718,956	0	1,733,956	210.68
差引金額	−15,000		−1,284,930	−910,938	−110.68
[差引損益計算]					
控除前所得	−15,000		−1,284,930	−910,938	−110.68

図6-4-19 | 7月31日までの貸借対照表（残高試算表）

貸 借 対 照 表

鈴木　一郎
単位：円

自　令和6年1月1日　至　令和6年7月31日

勘定科目	前月繰越	当月借方	当月貸方	当月残高	構成比%
[現金・預金]					
普通預金	0	100,373,338	100,093,088	280,250	0.27
現金・預金合計	0	99,776,530	99,776,530	0	0.27
[売上債権]					
売上債権合計	0	0	0	0	0.00
[有価証券]					
有価証券合計	0	0	0	0	0.00
[棚卸資産]					
棚卸資産合計	0	0	0	0	0.00
[他流動資産]					
仮払金	5,000,000	98,568,280	103,568,280	0	0.00
他流動資産合計	5,000,000	98,568,280	103,568,280	0	0.00
流動資産合計	5,000,000	198,941,618	203,661,368	280,250	0.27
[有形固定資産]					
建物	0	51,266,299	0	51,266,299	49.04
土地	0	52,301,981	0	52,301,981	50.03
有形固定資産計	0	103,568,280	0	103,568,280	99.06
[無形固定資産]					
無形固定資産計	0	0	0	0	0.00
[投資等]					
長期前払費用	0	700,000	0	700,000	0.67
投資等合計	0	700,000	0	700,000	0.67
固定資産合計	0	104,268,280	0	104,268,280	99.73
[繰延資産]					
繰延資産合計	0	0	0	0	0.00
[事業主貸]					
事業主貸合計	0	0	0	0	0.00
[諸口]					
資産の部合計	5,000,000	303,209,898	203,661,368	104,548,530	100.00
[流動負債]					
借入金	0	178,742	95,000,000	94,821,258	90.70
保証金・敷金	0	0	670,000	670,000	0.64
流動負債合計	0	178,742	95,670,000	95,491,258	91.34
[固定負債]					
固定負債合計	0	0	0	0	0.00
[事業主借]					
事業主借	5,015,000	0	4,953,210	9,968,210	9.53
事業主借合計	5,015,000	0	4,953,210	9,968,210	9.53
負債合計	5,015,000	178,742	100,623,210	105,459,468	100.87
[資本]					
控除前所得	−15,000		−895,938	−910,938	−0.87
資本合計	−15,000	0	−895,938	−910,938	−0.87
負債・資本合計	5,000,000	178,742	99,727,272	104,548,530	100.00

「立替領収証」からの取引

　従来の会計ソフトの作業負担の重さを語るうえで欠かせないのが、この「領収証からの取引」作業といえるでしょう。

　この地味で、機械的な作業を繰り返して行う入力作業の辛さは長年、解消しえないものでしたが、近年、クラウド型会計ソフトの登場により抜本的に解放されつつあると感じます。

　普通預金口座との連携による自動入力も、前項で見てきたように完全とは言わないまでも、かなり効率化されました。

　ですが、クラウド型会計ソフトの本領発揮といえるのが、この「立替領収証からの会計ソフトへの入力」なのです。

　冒頭で説明したように2つの入力方法があります。

　まず1つ目が「領収証情報を入力したExcelシートを、クラウド型会計ソフトに読み込ませる」方法です。

　「図6-4-20」のサンプルの「クラウド型会計ソフト取込用Excelシート」をご覧ください。

図6-4-20｜クラウド型会計ソフト取込用Excelシート

取込用Excelシート		勘定科目　事業主借		
日付		摘要	入金	出金
8	1	○×コーヒー　打合せお茶代		1,050
8	1	○×市役所　謄本ほか		3,800
8	1	○×ホームセンター　掃除用具		5,500

　日付もランダムで入力可能ですし、摘要も支払先とある程度の内容だけを入力すればよく、金額さえ間違わなければ残高も気にする必要がありません。

　上部に「勘定科目」とあります。ここでは個人の立替経費で頻発する

「事業主借」勘定のシートになっています。

これは勘定科目ごとにシートを作成することになりますが、作成する勘定科目は、経費を支払う源泉となっている資産または負債の勘定科目に限定されます。「現金」勘定、先程の「事業主借」勘定、法人の場合では「役員借入金」勘定のいずれか1〜2勘定ぐらいのものです。

経費ごとにExcelシートを作成する訳ではありません。

「図6-4-21」の仕訳はインストール型会計ソフトに入力する仕訳になりますが、このExcelシートをクラウド型会計ソフトに読み込ませると、摘要欄以外はほぼ同様に自動入力されます。

図6-4-21 クラウド会計でExcelシート読取り後の仕訳

●取引の発生
- 8月1日、稲垣不動産㈱と物件管理について○×コーヒーにて打合せ。代金1,050円を個人のクレジットカードにて立替支払い
- 8月1日、市役所にて戸籍謄本、印鑑証明を取得。手数料3,800円を個人が現金にて立替支払い
- 8月1日、物件掃除用道具を○×ホームセンターにて購入。代金5,500円は個人のクレジットカードにて立替支払い

【鈴木一郎　個人バージョン】

日付	借方（左側）		貸方（右側）		摘要
	勘定科目	金額	勘定科目	金額	
8/1	会議費	1,050円	事業主借	1,050円	○×コーヒー　打合せお茶代
	損益計算書【費用】の発生		貸借対照表【負債】の増加		
8/1	その他の経費	3,800円	事業主借	3,800円	○×市役所　謄本代ほか
	損益計算書【費用】の発生		貸借対照表【負債】の増加		
8/1	消耗品費	5,500円	事業主借	5,500円	○×ホームセンター　掃除用具代
	損益計算書【費用】の発生		貸借対照表【負債】の増加		

【合同会社　鈴木一郎　法人バージョン】

日付	借方（左側）		貸方（右側）		摘要
	勘定科目	金額	勘定科目	金額	
8/1	会議費	1,050円	役員借入金	1,050円	○×コーヒー　打合せお茶代
	損益計算書【費用】の発生		貸借対照表【負債】の増加		
8/1	その他の経費	3,800円	役員借入金	3,800円	○×市役所　謄本代ほか
	損益計算書【費用】の発生		貸借対照表【負債】の増加		
8/1	消耗品費	5,500円	役員借入金	5,500円	○×ホームセンター　掃除用具代
	損益計算書【費用】の発生		貸借対照表【負債】の増加		

Excelシートの勘定科目が「事業主借」となっていますので、Excelシートの「出金」欄に金額を入力すると、自動入力上の仕訳では「事業主借」勘定の貸方（右側）入力金額が記載され、借方にはExcelシートの摘要欄に記載された内容からクラウド型会計ソフトが勘定科目を推定して、適当な勘定科目が自動反映されます。
　意にそぐわない勘定科目が設定されているときは適宜、正しい勘定科目に修正しましょう。そうすれば、会計ソフトの学習機能により次回以降、修正後の勘定科目が設定されるようになります。「普通預金口座の連携による自動入力」と同様です。
　私自身の立替経費計算も、この「クラウド型会計ソフト入力用Excelシート」を使用していますが、会計ソフトに入力するよりも格段、時間が節約できます。

クラウド会計なら、レシートの写真撮影で自動入力する

　もうひとつの入力方法を紹介します。
　こちらのほうが、将来的にポピュラーな入力方法になると感じます。
　立替領収証をスマートフォンで写真撮影し、そのデータをクラウド型会計ソフトに取り込むことで、仕訳が自動入力されるという方法です。
　会計ソフトによって操作方法が異なるため、ここでは具体例をあげることはしませんが、かなり精度が高いといえます。勘定科目の推定も、消費税の処理についても申し分ない処理をしてくれます。
　また、領収証の画像データも会計ソフトに取り込まれるので、仕訳の画面上から領収証の画像を簡単に表示することもできます。仮に税務調査があった際も、わざわざ原本の領収証を探す手間が省けるでしょうし、税務調査の時間の短縮につながると考えられます。

賃貸中の決算書

　令和6年6月25日の物件購入取引から始まり、7月に入ってから家賃が入金され、借入金を返済し、その他必要な経費を支払ったところまでを一緒に見てきました。

　本来は、このまま8〜12月までの5カ月分の家賃入金・借入金返済・経費支払の取引の仕訳化を見ていきたいのですが、これまでの作業の繰り返しとなるので、ここでは細かい説明は省略します。

　ここまでが通常の会計処理となります。

　残す作業は、減価償却費等の計上、損害保険料の繰り延べとなります。これらは、期末に一度おこなう処理で決算整理仕訳といいます。

　この決算整理仕訳以前の状態の残高試算表を次ページに載せるので、目を通しておいてください。

　減価償却費と損害保険料の繰り延べ等の決算整理仕訳は、次の項目で説明します。

不動産投資は、何を経費計上できるのか？

　ここでは仕訳の方法よりも、どこまでが不動産賃貸業の経費計上の範囲になるのか？ということのほうが皆さんにとって興味があるところだと思います。

　正直、申し上げて、「不動産投資賃貸業の経費計上範囲はかなり限定されている」というのが本当のところです（皆さんにとって残念な事実かもしれませんが……）。

　私自身の税理士業で考えてみると、事業遂行上、

・クライアントに出向く→旅費交通費が生じる。
・クライアントと食事する→会議費、交際費が生じる。

図6-4-22 決算整理前の貸借対照表（残高試算表）

貸 借 対 照 表

鈴木　一郎
単位：円

自　令和6年1月1日　至　令和6年12月31日

勘定科目	前月繰越	当月借方	当月貸方	当月残高	構成比%
[現金・預金]					
普通預金	0	103,171,788	101,501,378	1,670,410	1.58
現金・預金合計	0	103,171,788	101,501,378	1,670,410	1.58
[売上債権]					
売上債権合計	0	0	0	0	0.00
[有価証券]					
有価証券合計	0	0	0	0	0.00
[棚卸資産]					
棚卸資産合計	0	0	0	0	0.00
[他流動資産]					
仮払金	0	98,568,280	103,568,280	0	0.00
他流動資産合計	0	98,568,280	103,568,280	0	0.00
流動資産合計	0	201,740,068	205,069,658	1,670,410	1.58
[有形固定資産]					
建物	0	51,266,299	0	51,266,299	48.39
土地	0	52,301,981	0	52,301,981	49.37
有形固定資産計	0	103,568,280	0	103,568,280	97.76
[無形固定資産]					
無形固定資産計	0	0	0	0	0.00
[投資等]					
長期前払費用	0	700,000	0	700,000	0.66
投資等合計	0	700,000	0	700,000	0.66
固定資産合計	0	104,268,280	0	104,268,280	98.42
[繰延資産]					
繰延資産合計	0	0	0	0	0.00
[事業主貸]					
事業主貸合計	0	0	0	0	0.00
[諸口]					
資産の部合計	0	311,008,348	205,069,658	105,938,690	100.00
[流動負債]					
借入金	0	1,075,359	95,000,000	93,924,641	88.66
保証金・敷金	0	0	670,000	670,000	0.63
流動負債合計	0	1,075,359	95,670,000	94,594,641	89.29
[固定負債]					
固定負債合計	0	0	0	0	0.00
[事業主借]					
事業主借	0	0	9,978,560	9,978,560	9.42
事業主借合計	0	0	9,978,560	9,978,560	9.42
負債合計	0	1,075,359	105,648,560	104,573,201	98.71
[資本]					
控除前所得	0	0	1,365,489	1,365,489	1.29
資本合計	0	0	1,365,489	1,365,489	1.29
負債・資本合計	0	1,075,359	107,014,049	105,938,690	100.00

図6-4-23 決算整理前の損益計算書(残高試算表)

損 益 計 算 書

鈴木　一郎

単位：円

自　令和6年1月1日　至　令和6年12月31日

勘定科目	前月繰越	当月借方	当月貸方	当月残高	構成比%
[不動産収益]					
賃貸料	0	0	3,875,000	3,875,000	97.75
更新料	0	0	70,000	70,000	1.77
その他の収入	0	0	11,018	11,018	0.28
不動産収益合計	0	0	3,956,018	3,956,018	100.00
[必要経費]					
租税公課	0	405,000	0	405,000	10.24
修繕費	0	262,700	0	262,700	6.64
借入金利子	0	614,589	0	614,589	15.54
外注管理費	0	195,750	0	195,750	4.95
水道光熱費	0	15,500	0	15,500	0.39
消耗品費	0	5,500		5,500	0.14
支払手数料	0	1,010,000	0	1,010,000	25.53
会議費	0	1,050		1,050	0.03
広告宣伝費	0	71,000	0	71,000	1.79
その他の経費	0	9,440	0	9,440	0.24
必要経費合計	0	2,590,529	0	2,590,529	65.48
差引金額	0		1,365,489	1,365,489	34.52
[差引損益計算]					
控除前所得	0		1,365,489	1,365,489	34.52

などを経費にできます。税理士業は、人間が動いて報酬が生じる商売だからです。
　一方、不動産賃貸業はどうでしょう？　不動産を賃貸して家賃という報酬が生じる商売です。建物の移動のため、旅費交通費が生じる余地はないし、建物が食事をすることも、もちろんありません。
　あくまでも費用を「家賃収入を得るためにかかった支出」と定義すると、その範囲は次のように限定されてしまうのです。

・固定資産税、借入金利息（法人は支払利息）、外注管理費、
　共有部電気代・水道代、賃借人募集費、修繕費、
　火災・地震保険料、減価償却費

6-5 減価償却と決算整理前仕訳
決算整理前仕訳をして、決算書作成の準備をする

KEYPOINT
- 期末に一度だけ「減価償却費と保険料」の決算整理前仕訳を行う
- 減価償却費は「取得価額」と「耐用年数」の算定を理解すれば簡単
- 個人と法人で決算書の形式が異なるのは株主への説明の要否のため

減価償却費等の仕訳

残るは「減価償却費の計上」と「火災・地震保険料の当期分振替取引」です。計算対象期間中の最後に、一回だけ行う決算整理仕訳という作業になります。

> **通常仕訳**
> 期首から期末に行う通常の取引の仕訳と入力
>
> **決算整理仕訳**
> 期末に一括して計上すべき取引の仕訳と入力
> （減価償却の計上、損害保険料の繰延べ処理）

減価償却費は、賃貸業の費用の中で利益への影響が一番大きい費用です。
前章で減価償却費とは、建物の取得価額を、賃貸に耐えうる予想年数の内、当期に対応する部分の金額を経費化することだとご説明しました。

「賃貸に耐えうるであろう年数」は法律上、耐用年数として法律で定められています。

耐用年数は、建物の構造（鉄筋RC、鉄骨、木造等）、用途（住宅用、店舗用）、築年数（年数）から算定します。

算定した耐用年数で建物の取得価額を除した金額が1年分（12カ月分）の減価償却費となります（実務上は、耐用年数で除するよりも償却率表に記載されている償却率を取得価額に乗ずる形で算定されることが多いようです）。償却率表は「図6-5-1」の通りです。

図6-5-1│定額法による減価償却資産の償却率表（耐用年数2～47年）

耐用年数	定額法償却率	耐用年数	定額法償却率	耐用年数	定額法償却率	耐用年数	定額法償却率	耐用年数	定額法償却率
2年	0.500	12年	0.084	22年	0.046	32年	0.032	42年	0.024
3年	0.334	13年	0.077	23年	0.044	33年	0.031	43年	0.024
4年	0.250	14年	0.072	24年	0.042	34年	0.030	44年	0.023
5年	0.200	15年	0.067	25年	0.040	35年	0.029	45年	0.023
6年	0.167	16年	0.063	26年	0.039	36年	0.028	46年	0.022
7年	0.143	17年	0.059	27年	0.038	37年	0.028	47年	0.022
8年	0.125	18年	0.056	28年	0.036	38年	0.027		
9年	0.112	19年	0.053	29年	0.035	39年	0.026		
10年	0.100	20年	0.050	30年	0.034	40年	0.025		
11年	0.091	21年	0.048	31年	0.033	41年	0.025		

では、今回、購入した建物の耐用年数は何年でしょうか。登記簿謄本のサンプルを「図6-5-2」に示します。この謄本のサンプルから、耐用

図6-5-2│購入した建物の謄本（抜粋）

表　題　部（主である建物の表示）	調製		不動産番号	987359122○●△
所在図番号				
所　　在	○○市△△町一丁目　10番地22			
家屋番号	10番22			
①　種　類	②　構　造	③　床　面　積　㎡	原因及びその日付（登記の日付）	
共同住宅居宅	鉄筋コンクリート陸屋根 2階建	1階　89.04 2階　89.04	平成20年11月11日新築 （平成20年11月17日）	

年数を算定していきます。

耐用年数は新築を前提として建物の「構造(鉄筋コンクリート造、鉄骨造、木造等)」、「用途(住宅用、店舗用、工場用等)」によって「図6-5-3」の表にあてはめて算定します。

図6-5-3 代表的な建物の耐用年数表

構造		鉄筋コンクリート造	鉄骨(骨格材の厚みによって耐用年数が変わる)			木造
			4mm超	3mm超 4mm以下	3mm以下	
用途	事務所用	50年	38年	30年	22年	24年
	住宅	47年	34年	27年	19年	22年
	飲食店用	41年または34年	31年	25年	19年	20年

(※1) 鉄骨は部材(骨格材)の厚みにより法定耐用年数が異なる
(※2) 木造内装部分の面積により法定耐用年数が異なる

今回は、構造は鉄筋コンクリート造り、用途は居宅とあるので、それぞれの網掛けの部分の交差する47年という耐用年数が適用されます(鉄骨造の場合、骨格材の厚みで算定耐用年数が変わるので注意が必要です)。

耐用年数は、あくまでも新築の建物に適用される表になります。今回のような中古物件の場合、築年数も考慮する必要があります。

税務上の中古物件の耐用年数の算定方法を解説します。

原則的には、物件の築年数から合理的に耐用年数を見積もる方法を採るのですが、実務上は簡便法という方法により耐用年数を算定することが多いです。

① 新築時の耐用年数の全部を経過した建物

新築時の耐用年数 × 20/100

例) 建築後25年を経過した木造アパート一棟の耐用年数は?
「新築時の木造アパートの耐用年数:22年」より

22年×20/100＝4.4年
以上より、耐用年数は4年（1年未満の端数は切り捨て）

② 新築時の耐用年数の一部を経過した建物

$$\left(\boxed{新築時の耐用年数} - \boxed{経過年数}\right) + \boxed{経過年数} \times 20/100$$

例）建築後10年を経過した木造アパート一棟の耐用年数は？
「新築時の木造アパートの耐用年数：22年」より、
（22年－10年）＋10年×20/100＝14年
以上より、耐用年数は14年

※1年未満の端数は切り捨て、計算結果が2年に満たない場合は2年とする

　今回の取得物件は平成20年11月築なので、鉄筋コンクリート造の住宅用の耐用年数47年を経過していません。その場合は、耐用年数の一部を経過した建物として、耐用年数を算定します。
　手計算で計算してもよいのですが、弊所では「耐用年数自動計算Excelシート」を使って算定しています（これも無料特典としてダウンロード可能です）。
　今回の謄本サンプル（図6-5-4）を使って、「耐用年数自動計算Excelシート」に入力したのが「図6-5-5」です（次ページ）。
　登記簿謄本のAの箇所の「原因及びその日付（登記の日付）」欄の年月日を「耐用年数自動計算Excelシート」の「初」欄に入力します。「終」欄には物件の取得日を記入します。入力は西暦でも和暦でも、どちらにも対応していますので、お好きな暦を選択してください。
　この例ではシートの「初」欄に「平成20年11月11日」（「図6-5-4」のA）と、終欄に「令和6年6月25日」（物件引き渡し日）と入力すれば、下欄の四角枠で囲ってある「34年」という耐用年数が自動的に算定さ

図6-5-4 | 購入した建物の謄本（抜粋）

表　題　部 (主である建物の表示)	調製		不動産番号	987359122○●△
所在図番号				
所　　在	○○市△△町一丁目　10番地22			
家屋番号	10番22			
①　種　類	②　構　造	③　床　面　積　㎡	原因及びその日付（登記の日付）	
共同住宅居宅	鉄筋コンクリート陸屋根2階建	1階　89.04 2階　89.04	平成20年11月11日新築　A （平成20年11月17日）	

図6-5-5 | 「耐用年数自動計算Excelシート」の入力例

初	終	経　過			経過日	
（入力はR6.6.25で可）		年	月	日		
H20.11.11	R6.6.25	15	7	14	5705	アパート松戸
A		0	0	0	0	
		0	0	0	0	
		0	0	0	0	
		0	0	0	0	
		0	0	0	0	
		0	0	0	0	
		0	0	0	0	
		0	0	0	0	
		0	0	0	0	
		0	0	0	0	
		0	0	0	0	
		0	0	0	0	
		0	0	0	0	
		0	0	0	0	
		0	0	0	0	

法定耐用年数　　経過年数　　　　経過年数
（　47　年　−　15　年7ヵ月）＋ 15年7ヵ月 × 20% ＝ 　7ヵ月
（　564ヵ月　−　　187ヵ月）＋ 　187ヵ月 × 20% ＝ 414.4ヵ月
　　　　　　　　　　　　　　　　　　　　　　　÷ 12ヵ月
　　　　　　　　　　　　　　　　　　　　　　　＝ 34.5年
　　　　　　　　　　　　　　　　　　　　　　　＝ 34.0年

れます。

すでに建物取得価額は算定済みですから、取得価額にこの耐用年数「34年」の償却率0.030％（242ページ参照）を乗じれば減価償却費が算定されます。

$$\boxed{\begin{array}{c}建物取得価額\\51,266,299円\end{array}} \times 0.030 = \boxed{\begin{array}{c}1,537,988円\\（減価償却費）\end{array}}$$

これが通常の計算対象期間である1年間分の減価償却費となりますが、今回の例では取得日が令和6年6月25日ですので、個人の計算対象期間の末日である令和6年12月31日までの7カ月分が実際の減価償却費となり、次のようになります。

$$\boxed{\begin{array}{c}減価償却費1年分\\1,537,988円\end{array}} \times \left(\boxed{7か月／12か月}\right) = 897,160円$$

これを「図6-5-6」のように、仕訳を起こします。

図6-5-6 賃貸中の「減価償却費」の取引と仕訳

●取引の発生　決算整理仕訳として決算末日に、建物の賃貸に付した日である6月25日～12月31日まで（7か月分）の減価償却費897,160円を計上し同額を建物の帳簿価額から減額する。

【鈴木一郎　個人バージョン】

日付	借方（左側）		貸方（右側）		摘要
	勘定科目	金額	勘定科目	金額	
12/31	減価償却費	897,160円	建物	897,160円	当期償却額　計上
	損益計算書【費用】の発生		貸借対照表【資産】の減少		

※法人も、個人と同様の仕訳

減価償却費という「費用」が計上されると、裏腹に帳簿上の建物の価値が同額分（897,160円）減少するので、しっかり認識してください。

安心してほしいのは、会計ソフトの存在です。どの会計ソフトにも建物のような減価償却すべき資産を管理する「固定資産台帳」という機能が付いています。

　建物の取得価額、取得日、耐用年数を「固定資産台帳」に入力しておけば、自動的に毎年末に（法人の場合、毎期末に）減価償却費が算出されます。

　ということは、本章の初めに説明した「取得価額の算定」、先ほど説明した「耐用年数の算定」をしっかり理解すれば「減価償却費」の計上については、そんなに頭を悩ませる必要がないといえます。

　また、「取得価額の算定」「耐用年数の算定」は新規に賃貸物件を購入した年（期）のみ行う作業です。物件購入がない年（期）であれば、会計ソフトの「固定資産台帳」で「減価償却費」の仕訳生成のボタンをポチッと押すだけで完了します。

火災・地震保険料の当期分振替

　6月25日の物件購入時に、5年分の火災・地震保険料を「長期前払費用」と仕訳を起こしたのを覚えていますか（204ページ）。

　「長期前払費用」という勘定は「資産」に該当し、普通預金から支払った時点（「資産」の減少時点）では、費用化していません。

　この決算整理の段階で当年（当期）に対応する金額を費用化し、かつ同額を「長期前払費用」勘定から減額し、翌期に繰り越す仕訳を起こします。「図6-5-7」のようになります。

　この処理も会計ソフトにある「固定資産台帳」機能を使って、入力画面に「①保険始期日、②保険期間、③支払保険料」を入力すれば自動的に上記仕訳が生成されるでしょう。

　今回の例では、火災保険料と地震保険料の保険期間がそれぞれ5年と同じですが、火災保険料が10年、地震保険料が5年と保険期間が異な

図6-5-7｜賃貸中の「長期前払費用」の取引と仕訳

●取引の発生　令和6年6月25日に支払った700,000円（令和6年6月25日〜令和11年6月24日分、長期前払費用として計上）の内、当期対応分81,666円（令和6年6月25日〜12月31日の7か月分）を費用化するために同額を長期前払費用から振り替える。

【鈴木一郎　個人バージョン】

日付	借方（左側） 勘定科目	金額	貸方（右側） 勘定科目	金額	摘要
6/25	損害保険料	81,666円	長期前払費用	81,666円	火災・地震保険料　当期分振替
	損益計算書【費用】の発生		貸借対照表【資産】の減少		

※法人も、個人と同様の仕訳

る場合も多いので、その場合は別々に「固定資産台帳」に入力します。

今回のように何年分かを一括払いする場合もありますが、毎年支払いをする場合もあると思います。その場合は支払った年（期）の損害保険料として費用計上して問題ありません。

物件賃貸中の決算書　個人版

以上で物件賃貸中の取引の仕訳化としての3つのフェーズの取引の仕訳化からの会計ソフトへの入力が完了したことになります。

> ①普通預金通帳からの取引
> ②立替領収証からの取引
> ③減価償却費等の計上取引（決算整理）

これらの会計ソフトへの入力を終えれば、自動的に決算書は会計ソフトで作成されます。

今回は、個人の所得税の申告書に添付する決算書の様式に会計ソフトが自動的に変換したものを載せます。

図6-5-8 | 決算整理後の損益計算書（残高試算表）

損 益 計 算 書

鈴木　一郎

単位：円

自　令和6年1月1日　至　令和6年12月31日

勘定科目	前月繰越	当月借方	当月貸方	当月残高	構成比%
[不動産収益]					
賃貸料	0	0	3,875,000	3,875,000	97.75
更新料	0	0	70,000	70,000	1.77
その他の収入	0	0	11,018	11,018	0.28
不動産収益合計	0	0	3,956,018	3,956,018	100.00
[必要経費]					
租税公課	0	405,000	0	405,000	10.24
損害保険料	0	81,666	0	81,666	2.06
修繕費	0	262,700	0	262,700	6.64
減価償却費	0	897,160	0	897,160	22.68
借入金利子	0	614,589	0	614,589	15.54
外注管理費	0	195,750	0	195,750	4.95
水道光熱費	0	15,500	0	15,500	0.39
消耗品費	0	5,500		5,500	0.14
支払手数料	0	1,010,000	0	1,010,000	25.53
会議費	0	1,050		1,050	0.03
広告宣伝費	0	71,000	0	71,000	1.79
その他の経費	0	9,440	0	9,440	0.24
必要経費合計	0	3,569,355	0	3,569,355	90.23
差引金額	0		386,663	386,663	9.77
[差引損益計算]					
控除前所得	0		386,663	386,663	9.77

図6-5-9 決算整理後の貸借対照表（残高試算表）

貸 借 対 照 表

鈴木　一郎
単位：円

自　令和6年1月1日　至　令和6年12月31日

勘定科目	前月繰越	当月借方	当月貸方	当月残高	構成比％
[現金・預金]					
普通預金	0	103,171,788	101,501,378	1,670,410	1.59
現金・預金合計	0	103,171,788	101,501,378	1,670,410	1.59
[売上債権]					
売上債権合計	0	0	0	0	0.00
[有価証券]					
有価証券合計	0	0	0	0	0.00
[棚卸資産]					
棚卸資産合計	0	0	0	0	0.00
[他流動資産]					
仮払金	0	98,568,280	103,568,280	0	0.00
他流動資産合計	0	98,568,280	103,568,280	0	0.00
流動資産合計	0	201,740,068	205,069,658	1,670,410	1.59
[有形固定資産]					
建物	0	51,266,299	897,160	50,369,139	47.99
土地	0	52,301,981	0	52,301,981	49.83
有形固定資産計	0	103,568,280	897,160	102,671,120	97.82
[無形固定資産]					
無形固定資産計	0	0	0	0	0.00
[投資等]					
長期前払費用	0	700,000	81,666	618,334	0.59
投資等合計	0	700,000	81,666	618,334	0.59
固定資産合計	0	104,268,280	978,826	103,289,454	984.41
[繰延資産]					
繰延資産合計	0	0	0	0	0.00
[事業主貸]					
事業主貸合計	0	0	0	0	0.00
[諸口]					
資産の部合計	0	311,008,348	206,048,484	104,959,864	100.00
[流動負債]					
借入金	0	1,075,359	95,000,000	93,924,641	89.49
保証金・敷金	0	0	670,000	670,000	0.64
流動負債合計	0	1,075,359	95,670,000	94,594,641	90.12
[固定負債]					
固定負債合計	0	0	0	0	0.00
[事業主借]					
事業主借	0	0	9,978,560	9,978,560	9.51
事業主借合計	0	0	9,978,560	9,978,560	9.51
負債合計	0	1,075,359	105,648,560	104,573,201	99.63
[資本]					
控除前所得	0		386,663	386,663	0.37
資本合計	0	0	386,663	386,663	0.37
負債・資本合計	0	1,075,359	106,035,223	104,959,864	100.00

次に、個人の所得税の申告用に変換された決算書を掲載します。

図6-5-10 | 所得税申告の損益計算書(不動産所得用)

令和6年分所得税青色申告決算書(不動産所得用)
損 益 計 算 書 (自1月1日～12月31日)

科目		金額 円	科目	金額 円
収入金額	賃 貸 料	3,875,000	水 道 光 熱 費	15,500
	礼 金・更 新 料	70,000	支 払 手 数 料	1,010,000
	その他の収入金額	11,018	消 耗 品 費	5,500
	計	3,956,018	広 告 宣 伝 費	71,000
必要経費	租 税 公 課	405,000	その他の経費	10,490
	損 害 保 険 料	81,666	計	3,569,355
	修 繕 費	262,700	差 引 金 額	386,663
	減 価 償 却 費	897,160	専 従 者 給 与	
	借 入 金 利 子	614,589	青色申告特別控除前の所得金額	386,663
	地 代 家 賃	0	青 色 申 告 特 別 控 除 額	386,663
	給 料 賃 金	0	所 得 金 額	0
	外 注 管 理 費	195,750	土地等取得負債利子額	

図6-5-11 | 所得税申告の貸借対照表(不動産所得用)

貸 借 対 照 表　(令和6年12月31日現在)

資 産 の 部			負 債・資 本 の 部		
科 目	1月1日(期首)	12月31日(期末)	科 目	1月1日(期首)	12月31日(期末)
現 金	0	0	借 入 金	0	93,924,641
普 通 預 金	0	1,670,410	未 払 金	0	0
定 期 預 金	0	0	保証金・敷金	0	670,000
その他の預金	0	0			
受 取 手 形	0	0			
未 収 賃 貸 料	0	0			
未 収 金	0	0			
有 価 証 券	0	0			
前 払 金	0	0			
貸 付 金	0	0			
建 物	0	50,369,139			
建物附属設備	0	0			
構 築 物	0	0			
船 舶	0	0			
工具器具備品	0	0			
土 地	0	52,301,981			
借 地 権	0	0			
公共施設負担金	0	0			
長期前払費用	0	618,334			
			その他の負債	0	0
			事 業 主 借		9,978,560
その他の資産	0	0	元 入 金	0	0
事 業 主 貸		0	青色申告特別控除前所得金額		386,663
合 計	0	104,959,864	合 計	0	104,959,864

賃貸業の所得税申告用の貸借対照表には期首時点（1月1日）「前年末残高」と期末時点（12月31日）の残高を併記します。これも会計ソフトで自動的に作成できます。

　今回の場合、前年は賃貸業をしておらず、本年が賃貸業開始1年目となるので、期末時点（12月31日）の残高のみが表記されます。次年度の貸借対照表には、今回の期末時点の残高が期首の残高として自動的に表記されます。

　所得税申告において税務署に提出する決算書は損益計算書・貸借対照表のほかに、「図6-5-12」のような「減価償却の計算」も記載しなければなりません。

図6-5-12｜減価償却の計算（税務上の固定資産台帳）

減価償却資産の名称等（繰延資産を含む）	面積又は数量	取得年月	㋑取得価額（償却保証額）	㋺償却の基礎になる金額	償却方法	耐用年数
アパート松戸 鉄筋コンクリート造		年 月 6・6	51,266,299円（　　　　）	円 51,266,299	定額	年 34

㋩償却率	㊁本年中の償却期間	㋭本年分の普通償却費（㋺×㋩×㊁）	㋬本年分の償却費合計	㋠貸付割合	㋷本年分の必要経費算入額（㋬×㋠）	㋴未償却残高（期末残高）
0.030	7 12	円 897,160	円 897,160	% 100	円 897,160	円 50,369,139

　これは減価償却の計算過程を示す帳票で、会計ソフトに付いている固定資産台帳を入力すれば自動的に作表されます。

物件賃貸中の決算書　法人版

　最後に、法人が法人税の申告書に添付する決算書の形式を紹介してこの章を終わりたいと思います。

図6-5-13 | 法人の場合の「損益計算書(1/2)」

損 益 計 算 書

自　令和6年1月1日
至　令和6年12月31日

合同会社　鈴木一郎　　　　　　　　　　　　　　　　（単位：円）

科目	金額	
【売上高】		
賃貸料収入	3,875,000	
礼金・更新料	70,000	3,945,000
【売上原価】		
売上総利益		0
【販売費及び一般管理費】		2,954,766
営業利益		990,234
【営業外収益】		
雑収入	11,018	11,018
【営業外費用】		
支払利息	614,589	614,589
経常利益		386,663
【特別利益】		
【特別損失】		
税引前当期純利益		386,663
当期純利益		386,663

図6-5-14 | 法人税の申告用の「損益計算書(2/2)」

販売費及び一般管理費内訳書

自　令和6年1月1日
至　令和6年12月31日

合同会社　鈴木一郎　　　　　　　　　　　　　　　　（単位：円）

科目	金額	
【販売費及び一般管理費】		
租税公課	405,000	
損害保険料	81,666	
修繕費	262,700	
減価償却費	897,160	
外注管理費	195,750	
水道光熱費	15,500	
消耗品費	5,500	
支払手数料	1,010,000	
広告宣伝費	71,000	
会議費	1,050	
その他の経費	9,440	
販売費及び一般管理費　合計		2,954,766

ほぼほぼ個人の損益計算書の形式と同様です。
異なるのは、下記の点です。

> ・個人の売上高「その他の収入　11,018円」が、
> 　法人では営業外収益の「雑収入」に表記
> ・個人の必要経費「借入金利子　614,589円」が、
> 　法人では営業外費用「支払利息」に表記
> ・個人の決算書では、自販機手数料収入も賃貸料収入も「売上高」に
> 　法人の決算書では、自販機手数料は「営業外収益」に表記
> 　　　　　　　　　　借入金利子は「営業外費用」に表記

　これは法人が株主への決算内容の報告を主たる目的としているためといえるでしょう。上場会社も非上場会社も、不動産投資の会社も、同じ法人です。一定の規則に沿った決算書のスタイルが要請されます。
　続いて法人の貸借対照表（次ページ）ですが、明らかに個人と異なるのは、個人の「事業主借」、法人の「役員借入金」です。
　ここまでご説明した通り、個人の「事業主借」は「結局は、自分のお金なのだから返さなくていいお金ということで、法人でいう資本金と同義語だよね」という結論をお話しました。
　しかし法人は、個人・鈴木一郎とは別人格の「合同会社鈴木一郎」という法人です。
　したがって、物件を購入した際に鈴木一郎個人が立替えた手付金は、「合同会社鈴木一郎」の銀行からの借入金と同様、返済してもらう必要があることに留意が必要です。

　資本金の金額が「0円」となっていますが、ご説明上、個人を無理やり法人に置き換えたためです。もちろん、資本金0円はあり得ません。通常は10〜100万円程度の資本金を出資した形になります。

図6-5-15｜法人税の申告用の「貸借対照表」

貸借対照表
令和6年12月31日現在

合同会社　鈴木一郎　　　　　　　　　　　　　　　　　　　　　　　　　　（単位：円）

資産の部		負債の部	
科目	金額	科目	金額
【流動資産】	1,670,410	【流動負債】	10,648,560
現金及び預金	1,670,410	役員借入金	9,978,560
【固定資産】	103,289,454	保証金・敷金	670,000
有形固定資産	102,671,120	【固定負債】	93,924,641
建物	50,369,139	長期借入金	93,924,641
土地	52,301,981	負債の部合計	104,573,201
投資その他の資産	618,334	純資産の部	
長期前払費用	618,334	科目	金額
		【株主資本】	
		資本金	0
		利益剰余金	△386,663
		その他の利益剰余金	
		繰越利益剰余金	386,663
		（うち当期純利益）	386,663
		純資産の部合計	386,663
資産の部合計	104,959,864	負債・純資産の部合計	104,959,864

　資本金の最低出資制限はなく1円から法人は設立できますが、実際は10万円程度の資本金を皆さん積んでおられるようです。

　以上、購入時、賃貸中の取引の仕訳化を見てきました。
　繰り返しになりますが、物件の売却自体、そう頻繁に行われるわけではありません。通常の決算書の作成は、ここまでの説明でクリアできることでしょう。
　売却については税理士に依頼すると割り切れば、それもよいでしょうが、自分でできるに越したことはありません。
　売却時の取引は、売却の記帳の仕組みが分かれば、多くの不動産投資家が陥りがちな売却時の勘違いが解消され、正しい納税額のシミュレーションもできるようになります。ぜひ理解してもらえたらと考えます。

6-6 物件売却時の仕訳
売却時の仕訳では、正しく売却益を理解せよ

KEYPOINT
- 売却益は、売却価格から取得価額ではなく簿価を差し引いた金額
- 個人は毎年、減価償却しないと納税額が変わるため減価償却が必須
- 個人と法人では売上と利益の扱いの違いから、売却時の仕訳が異なる

売却価格と簿価の差額に課税される

　ここからは、物件売却時の仕訳のご説明をしていきます。
　間違ってほしくない物件売却時の認識として、課税対象の売却益があります。

> **物件売却時の売却益（課税対象）**
> × 売却価格から「土地・建物の取得価額」を差し引いた金額
> ○ 売却価格から「土地・建物の簿価」を差し引いた金額

　建物については、売却時の売却原価は購入したときの取得価額ではないことに十分注意してください。

　これまで取り上げてきたアパート松戸を、購入6年後に売却した場合で説明していきましょう。
　管理会社に売却の相談をしたところ、「令和12年1月以降であれば、1億3,000万円程度で購入したい買主候補がいます」と連絡を受けます。

売却した場合の売却益をシミュレーションします。

売却額は土地が70,600,000円、建物が59,400,000円（消費税込）とします。

では、売却原価となる土地と建物の簿価はいくらでしょうか？

土地の簿価は、52,301,981円。前章で計算した取得時の金額です。土地は建物のように減価償却という概念がないため、取得時の帳簿価額（簿価）52,301,981円が売却原価となります。

問題は、これまで減価償却費の分だけ取得価額を減額してきた建物の簿価です。「図6-6-1」をご覧ください。

図6-6-1 | 建物の売却原価の考え方

令和6年6月25日に購入したアパート松戸を、令和12年1月1日に売却した場合の建物の簿価は？

経過年数	1年目	2年目	3年目	4年目	5年目	6年目
対象月数	7カ月	12カ月	12カ月	12カ月	12カ月	12カ月
減価償却費	897,160円	1,537,988円	1,537,988円	1,537,988円	1,537,988円	1,537,988円
建物帳簿価額（簿価）	50,369千円（R6年12月末）	48,831千円（R7年12月末）	47,293千円（R8年12月末）	45,755千円（R9年12月末）	44,217千円（R10年12月末）	42,679千円（R11年12月末）

51,266千円 − 897千円 = 50,369千円
50,369千円 − 1,538千円 = 48,831千円
48,831千円 − 1,538千円 = 47,293千円
47,293千円 − 1,537千円 = 45,755千円
45,755千円 − 1,537千円 = 44,217千円
44,217千円 − 1,537千円 = 42,679千円

このように、令和12年1月1日に売却した場合の建物の帳簿価額（簿価）は42,679,199円となります。

ということで、売却益は下記の通りです。

$$\boxed{\begin{array}{c}130,000,000円\\（売却価格）\end{array}} - \boxed{\begin{array}{c}52,301,981円\\（土地の簿価）\end{array}} - \boxed{\begin{array}{c}42,679,199円\\（建物の簿価）\end{array}}$$

$$= \boxed{\begin{array}{c}35,018,820円\\（売却益）\end{array}}$$

これに対して、税金が算出されます。

個人の所得税及び住民税であれば7,114,000円、法人の法人税、法人事業税であれば、10,854,000円です。

個人の所得税、住民税の計算式

35,018,820円×20.315%（所得税15.315%＋住民税5%）
＝7,114,073円→7,114,000円

法人の法人税、法人事業税

　4,000,000円×21.36%＝854,400円
　4,000,000円×23.17%＝926,800円
　27,018,820円×33.58%＝9,072,919円
　合計10,854,119円→10,854,000円

（賃貸利益に係る所得金額が0円とみなした場合）
※説明が複雑になるため、ここでは税金の詳しい計算方法の説明は割愛します。

という結果になります。

「思ったより多額の税金を納付しなければいけないなぁ」という印象をお持ちになられたのではないでしょうか？

売却を経験したことのない不動産投資家さんはよく、最初のように、
「売却価格－購入したときの土地・建物の取得価額＝売却益」

と考えがちですが、それは間違いです。ちなみに、その場合、売却益は「26,431,720円」となり、個人の税金を計算すると「約537万円」。法人の場合は「約800万円」と正しい売却原価である簿価で税金を計算した場合と、大きく差が開いてしまいます。

なぜ個人は必ず減価償却費を計上しなければならないのか？

　個人の所得税の申告においては、必ず減価償却費を計上しなければいけませんが、法人の法人税の申告においては、必ずしも減価償却費を計上しなくても構いません。
　個人の場合、「減価償却費」を計上しなくとも計上したものとみなす「強制償却」というルールがあり、法人の場合、「減価償却費」を計上しなければしないで構わない「任意償却」が認められているからです。

　なぜ、個人と法人で取扱いが異なるのでしょうか。それは、個人が確定申告をしていなかった場合に、納税額が変わる可能性があるからです。
　たとえば、個人が賃貸用に購入した木造戸建てを、賃貸に付してから4年目に親類の住居としてタダで使用させ、5年目の終わりに第三者に売却したとします。
　このとき建物の簿価はというと、5年分の減価償却費が控除された残額ではなく、3年分の減価償却費が控除された残額なのです。4～5年目は賃貸に付していないので、減価償却費の計上は0円だからです。
　ここでもし、購入してからの3年間、個人が確定申告を行っていなかったとしたら？
　本来の売却時の簿価は、購入価額から3年分の減価償却費を控除した残額にもかかわらず、購入時の取得価額から1円の減価償却費も控除していない取得価額を簿価として譲渡益の計算をすることになります。

これだと申告をしていない人のほうが売却原価が高くなり、結果的に譲渡益が少なく計算され、支払う納税額も少なくなるという不公平な結果となってしまいます。
　このような理由から税務上は、賃貸の事実があったときから、申告の有無に関係なく、賃貸をしていた期間は「減価償却」をしたものとみなす「強制償却」が適用されるのです。

　法人は原則として、毎期、決算書を作成して申告書を提出します。法人が有している物件に関しては、「減価償却」したらその「減価償却費」控除後の残額が、「減価償却」しなかったら前期の簿価が、そのまま翌期に繰り越される結果となります。
　法人は常に簿価が決算書上、明らかなので、賃貸していたかどうかが決算書を見れば明確であり、譲渡益の計算も適正に行われるとの判断から「任意償却」とされるのです。
　とすると、法人において融資の印象上、黒字決算にするため意図的に「減価償却費」を計上せずに利益を過度に計上することも可能となるわけです。ただこの場合、決算書を見る金融機関は「あれっ、減価償却費が1円も計上されていない」と気づくのは必須でしょう。
　「任意償却」であることで、まるっきり「減価償却費」の計上がないというのもいただけません。法人の場合、上手に「任意償却」の規定を利用することが大事だといえるでしょう。

個人と法人で異なる物件売却時の取引の仕訳

　物件売却時には、法人の場合の物件売却時の取引から見ていきます。
　なぜかと申し上げますと、個人の決算書は基本的に売却の取引は反映されないからです（所得税において）。
　個人の決算書は、物件購入、物件賃貸中での「不動産所得」（物件賃

貸して、どれだけの利益を稼いでいるか？）の算定を目的としており、売却は所得税の申告書のみで表現します。

したがって個人の決算書では、売却によって物件が消滅したこと、家賃収入等の「収益」、外注管理費等の「費用」の精算の取引の事実のみを決算書に反映させます。

一方、法人の場合は、賃貸による利益も、物件売却による利益も合算して課税されます。したがって、賃貸時同様、売却による取引を仕訳化し、「固定資産売却益」（または固定資産売却損）を決算書に載せます。

以上より、ここではより多くの入力が発生する法人の取引と仕訳化を説明していきます。

購入時と売却時の仕訳の異なる点

物件購入時同様、「売買契約書」「取引精算書」のサンプル（次ページ）を例に仕訳化の流れを一緒に見ていきましょう。

今回は、購入・賃貸後6年余りを経過しており、前後のつながりから決算書（残高試算表）を示すのには無理が生じるため、取引から仕訳化までをご説明していきます。

売却時と購入時の取引の処理で異なる点がいくつかあります。

まず、購入時に支払った「固定資産税精算金」です（199ページ）。今回は売主として、固定資産税精算金をもらう側になります。もらった固定資産税相当額は、売却価額に加算します。つまり、売却価格は1億3000万円に、固定資産税精算金368,000円を加算した金額です。

もう一つ異なる点は仲介手数料です。購入時には、建物・土地の取得価額を構成する金額として処理しました。売却時は、単純に当該物件を売るためにかかった金額として支払金額全額が「費用」計上になります。

以上、購入時と売却時では扱いが異なる取引の説明でした。間違えると納税額にも大きく影響するので注意してください。

図6-6-2 売却時の「売買契約書」

印紙代 3万円

不動産売買契約書

売主 鈴木一郎 と 買主 山田 等は、下記表示の不動産に関し、以下の内容で売買契約を締結した。

(A) 売買の目的物の表示（登記簿の記録による）（第1条）

		所在	地番	地目	地積	持分
土地	所在	千葉市松戸区弓也町2丁目	25番10	宅地	260.70㎡	1/1
		土地面積 合計			260.70㎡	
	備考	余白				

建物	所在	千葉市松戸区弓也町2丁目25番10		家屋番号	25番10	
	種類	共同住宅	構造	鉄筋コンクリート造2階建		
	床面積	1階 89.4㎡・2階 89.4㎡				
				延床面積	178.80㎡	
	備考	アパート松戸				

(B) 売買代金、手付金の額及び支払日

売買代金	130,000,000円
（上記売買代金のうち土地価格）	70,600,000円
（上記売買代金のうち建物価格）	59,400,000円
（上記売買代金の内消費税額および地方消費税額の合計額）	5,400,000円
手付金　本契約締結時支払	円
残代金　令和12年1月1日	130,000,000円
引渡日　■1. 売買代金全額受領日　□2.	
融資	融資利用の有無　■1. 有　□2. 無
	申込先：　東関東銀行　千葉北支店　　融資金額
	融資承認取得期日：令和6年5月31日　　130,000,000円

上記契約書締結日　令和11年11月30日

図6-6-3 | 売却時の「取引精算書」

発行日　令和12年1月1日

売買代金　精算書

（買主様から売主様への支払）

項目	千葉市松戸区弓也町2-25-10　アパート松戸

土地・建物　売買

売買代金	130,000,000 円也
手付金	0
売買残代金	130,000,000 円也

固定資産税　令和12年度分	368,000
敷金預り金	-600,000
振込手数料	-880
精算金額	129,767,120

※買主様から売主様への支払い金額

仲介手数料	4,356,000

※売主様から弊社への支払い金額

売主　　令和12年1月1日

住所　　○○市××町　1-1-1

氏名　　鈴木　一郎

買主　　令和12年1月1日

住所　　○○市××町　2-2-2

氏名　　山田　等

稲垣不動産㈱

法人の物件売却時の仕訳

　固定資産税精算金と、仲介手数料の支払いまでを「図6-6-4」のように仕訳に起こしていきます。

図6-6-4｜売却時の取引と仕訳（法人バージョン）

●取引の発生　令和12年1月1日にアパート松戸の実際の引渡しと代金の決済取引を行った（代金は普通預金口座へ振込）。今回は契約時の手付金のやり取りはなし。
賃借人からの預り敷金は、売却金額と相殺する形で支払い、買主に継承する。

【合同会社　鈴木一郎　法人バージョン】

日付	借方（左側）		貸方（右側）		摘要
	勘定科目	金額	勘定科目	金額	
1/1	普通預金	129,767,120円			山田　等　売却代金
	貸借対照表【資産】の増加				
1/1	保証金・敷金	600,000円			山田　等　預り敷金承継
	貸借対照表【負債】の減少				
1/1	その他の経費	880円			●×銀行　振込手数料
	損益計算書【費用】の発生				
1/1			建物	42,679,199円	山田　等　売却
			貸借対照表【資産】の減少		
1/1			土地	52,301,981円	山田　等　売却
			貸借対照表【資産】の減少		
1/1			固定資産売却益	35,386,820円	山田　等　アパート松戸売却益
			損益計算書【収益】の発生		
1/1	支払手数料	4,356,000円	普通預金	4,356,000円	稲垣不動産㈱　売却に係る仲介手数料
	損益計算書【費用】の発生		貸借対照表【資産】の減少		

　不動産賃貸業の主たる事業は、賃貸業です。そのため、所有物件の売却は、副業にあたります。したがって、売却代金の総額（この場合、130,368,000円）を「売上」として計上しません。

　代わりに、「売却代金と建物・土地の簿価の差額」である「固定資産売却益」を損益計算書上の「収益」の「特別利益」というイレギュラーな区分項目で計上します。

　また、売却日が令和12年1月1日なので前期末簿価と売却時点の簿価が同額となり、期首から売却時点までの「減価償却費」は計上されま

せん。

　例えば売却日が令和12年5月31日だった場合、建物については、令和12年1月1日〜5月31日までの「減価償却費」を計上し、同額の「減価償却費」を減額した「建物」勘定が8行目の貸方に追加されることになります。

　売却価額が建物・土地簿価より低額だった場合は「固定資産売却損」勘定にて借方（左側）に「費用」の発生として「特別損失」という区分で計上されます。

個人の物件売却時の仕訳

　先ほど申し上げた通り、物件売却は、個人の所得税の申告書において計算されます。
　そのため決算書には、売却について次の項目を反映するに留まります。

・売却取引による普通預金の入金取引
・家賃収入・管理費・預り敷金等の精算取引
・売却に伴う、建物・土地の簿価の消却仕訳

　以上の取引を決算書に反映させる仕訳を、「図6-6-5」の通り起こします。
　売却代金は、賃貸中に使用していた普通預金に入金されたこととします。この後発生する借入金の残額の一括返済も考えると、当該口座に入金して貰ったほうが便利だからです。
　個人が収受すべき売却代金が賃貸事業に入金されたため、貸方（右側）に、「事業主借」勘定を使用します。賃貸事業が、個人から入金額を借りているという形となるためです。
　「仲介手数料」も、賃貸に係る支出ではなく、売却に係る支出に該当し

図6-6-5 | 売却時の取引と仕訳（個人バージョン）

●取引の発生　令和12年1月1日にアパート松戸の実際の引渡しと代金の決済取引を行った（代金は普通預金口座へ振込）。今回は契約時の手付金のやり取りはなし。
賃借人からの預り敷金は、売却価額と相殺する形で支払い、買主に継承する。

【鈴木一郎　個人バージョン】

日付	借方（左側） 勘定科目	金額	貸方（右側） 勘定科目	金額	摘要
1/1	普通預金	129,767,120 円	事業主借	130,000,000 円	山田　等　売却代金
	貸借対照表【資産】の増加		貸借対照表【負債】の増加		
1/1			事業主借	368,000 円	山田　等　固定資産税相当額精算金
			貸借対照表【負債】の増加		
1/1	保証金・敷金	600,000 円			山田　等　預り敷金承継
	貸借対照表【負債】の減少				
1/1	その他の経費	880 円			●×銀行　振込手数料
	損益計算書【費用】の発生				
1/1	事業主貸	94,981,180 円			山田　等　売却により消却却
	貸借対照表【資産】の増加				
1/1			建物	42,679,199 円	山田　等　売却により消却却
			貸借対照表【資産】の減少		
1/1			土地	52,301,981 円	山田　等　売却により消却却
			貸借対照表【資産】の減少		
1/1	事業主貸	4,356,000 円	普通預金	4,356,000 円	稲垣不動産㈱　売却に係る仲介手数料
	貸借対照表【資産】の増加		貸借対照表【資産】の減少		

ますので、売却に係る支出を賃貸事業に立て替えて貰った形で「事業主貸」として処理します。

　売却に係る損益は、決算書には影響させる必要はありませんが、売却した建物・土地の簿価は会計ソフト上、消却しなければなりません。

　建物・土地の簿価はすべて貸方（右側）に記載して消却。借方（左側）には、同額を「事業主貸」勘定にて仕訳を起こします（売却した建物・土地を、売却行為をした個人が賃貸事業から簿価で譲り受けたイメージです）。

　前項まで見てきた「物件購入、物件賃貸」までは、個人、法人ともに、その「取引、仕訳化、会計ソフトへの入力」過程は、ほぼ一緒なのですが、売却についてはこのように、個人は申告書で売却益を計算、法人に

ついては今まで同様、会計ソフト上で売却益を計算することになります。

　これは個人の場合、税務上、「購入、賃貸」を「不動産所得」、「売却」を「譲渡所得」と分類し、所得（税務上の用語で利益のことをいいます）の種類によって課税方法が変わってしまうからです。
　これに反して、法人は、賃貸による利益も売却による利益も、合算して課税するというシンプルな方法が採られています。
　このように両者の課税方法の違いによって計算方法も変わってしまうので、会計ソフト上の決算書も複雑な処理をすることになってしまうのです。

　物件の売却に際しては、売却益が多額になるケースも多分にあると思います。
　売却があった年（法人の場合は期）は多少お金がかかっても税理士のような専門家に相談するか、その年（ないしは期）のみは税務申告を依頼した方が結果的には、安心かもしれません。
　本書は、あくまでも「不動産投資の決算書」ということで説明しております。
　個人もしくは法人で物件売却した際の税務上のメリット・デメリットについて知りたいという方は、拙著『不動産投資の「収益計算」本格入門』において詳細な説明をしておりますので、興味のある方はご一読ください。

　とはいえ、売却代金総額、売却簿価、譲渡費用（仲介手数料等）が明確ならば、個人が売却する際の譲渡税の計算は、国税庁のHP上から思ったより簡単に申告できます。国税庁のHP内で譲渡税の計算のコーナーがあるので、そこに数字をあてはめて入力していけば、譲渡益が多額にならないケースであれば、十分対応可能です。

6-7 不動産投資の税金
不動産投資では節税より「正確な納税」が大切

KEYPOINT
- 小手先の節税ではなく、財務を理解した構造的な節税をすべき
- 法人は決算書の作成まで自分で行い、申告は税理士と行うのがベスト
- すべての物件が住居の場合、インボイス登録は必要ない

節税のためにも、決算書の理解は欠かせない

　本書では、税金に関する説明は必要最小限にとどめ、まずは「税務申告の基礎資料」としての「決算書」の完成を目指して説明してきました。

　申告及び納税は、家賃収入を得る賃貸物件を所有していれば必ずしなければいけない作業です。そこで算定される税金の多少は、不動産投資におけるキャッシュフローに大きな影響を及ぼします。

　そのため、納税額を少しでも少なくする節税方法について興味が湧くのは当たり前のことでしょう。

　ただし、不動産投資の場合、小手先の節税手法で税額が安くなるということは、あまりないように感じます。それよりも、税金の基本的知識を身に付けて、構造的な節税手法を施していったほうが良いでしょう（法人化の検討などが主たる節税方法といえるでしょう）。

　この税金の基本的知識を身に付けるためにも、前提として「決算書」のしくみ、「決算書」を作る知識がないと、構造的な節税手法自体の理解もおぼつかなくなります。

　まず、本書において「決算書」というモノを理解したあとで、税の仕

組みを学んでいったほうが効率的です。

融資審査で重要性を増す「不動産投資の経営力」

　過去、何千軒もの不動産投資の税務申告、融資の相談を受けてきた立場として最近、感じることがあります。融資元である金融機関が、以前は「物件の持つ収益力と投資家さんの属性」のみで融資を決めていたのが、最近は「不動産投資（不動産賃貸業）の経営力も加味して融資決定」をするという流れに変ってきているのです。

　経営力とは、自分の賃貸事業の現状を各利害関係者（税務署、金融機関）に説明できることです。そのツールが「決算書」となります。

　つまり、投資家本人がまず「決算書」を理解していなければならないのです。

　不動産投資に係る税金の知識については、拙著『不動産投資の「収益計算」本格入門』および拙著『不動産投資の「収益計算」シミュレーション』をご一読されることを強くお勧めします。

　手前味噌ですが、約5年前に書かれた内容ながら、構造的な節税に関しては現在も色褪せていない手法を紹介しています（それだけ不動産投資に係る税法に変化がないといえるかもしれません……）。

個人の所得税申告は、自分でするのがベスト

　個人の所得税の申告に関しては基本的には、自分で申告したほうが効率的でしょう。

　本書で説明したきた方法で「決算書」を作成すれば、国税庁のHP「国税庁　確定申告書等作成コーナー」にて、入力手順通りに入力を進めていけば申告書を作成できます。

作成にあたっては、本書でも登場した勘定科目に数字を入力します（国税庁のHPの指示内容が理解できないという声を聞きますが、そもそも決算書の知識がないから理解できないのです。本書を読了した皆さんには馴染みのある用語のオンパレードですので、HPの指示について理解できないということはありません。安心してください）。

　売却の際の申告についても、「国税庁　確定申告書等作成コーナー」の指示に従って入力すれ申告が完了します。

　不動産投資（物件の賃貸、売却）の利益の算定は、ここまで説明してきたように、シンプルとはいえません（だからこそ、本書の存在理由もあるのですが……）。

　そのため、決算書の作成および申告書の作成を税理士に一任したい気持ちもわからなくはないのですが、これは「命の次に大事なお金」の話ですし、自分のお金の話です。

　できれば、不動産投資において利益（または損失）が生じる理由が腑に落ちるよう、自らの手で決算書の作成、申告書の作成をすべきでしょう。

法人税の申告は、税理士に協力してもらおう

　ご自身で申告書の作成を勧めた個人の所得税の申告ですが、法人についてはちょっと見解が異なります。

　法人税の申告書は複雑を極めます。慣れてしまえば何てことはないのですが、法人税法上の所得（利益）は、「決算書」において認められる「収益」と「費用」の範囲と微妙に（時には大巾に）異なります。

　そのため、会計ソフトで作成した「決算書」と法人税法上の「決算書」に差異を、法人税の申告書上にて調整して、法人税率を乗ずるための所得を算定する必要があります。

　そのためは、それなりの専門書を何冊か読破、法人税申告書作成講座

等のセミナーを受講してある程度の法人税に対する知識が求められます。もし学ぶ時間がなければ、税理士に依頼したほうが確実に処理してくれるのではないかと感じます。

したがって法人については、決算書は自ら作成し、法人税法上の差異の調整を表現する申告書の作成だけは、税理士に依頼するのがベストな選択でしょうか。

実際、国税庁のHPを見ても、個人の「国税庁　確定申告書等作成コーナー」はあっても、法人には同様のコーナーは存在しません。それだけ個人の所得税確定申告はシンプルに作成できるようになっているけれど、法人税の確定申告はそう簡単ではないという証左かもしれません。

また、国税庁の認識として、法人は自社で決算書も作成できて当たり前、申告書も作れて当たり前という認識もあるでしょう。

インボイス制度が、消費税にもたらす変化

十数年くらい前でしょうか？　賃貸用物件を購入した年（期）に購入した建物に係る消費税の還付を受けようと、飲料の自動販売機を設置して課税売上高となる自販機手数料収入を計上したり、金地金取引をおこなって金の売却額を課税売上高に計上することが流行ったことがありました。それも今では国側にすべて封じられ、消費税還付の道はすべて閉ざされました。

それ以来、不動産投資の消費税に関して大きなトピックは出てきていませんが、不動産投資というよりすべての事業者にとって関心を集めているのが消費税のインボイス制度です。

インボイス制度導入前は、消費税を納める義務がない事業者でも消費税を付加して代金を請求できました。消費税を納める義務がないにもかかわらず、消費税分を収受できていたのです。インボイス制度の導入については、「消費税を納める義務がないにもかかわらず消費税という名

目でお金を収受できる」という、いわば「益税」が生じるのを阻止するという背景があります。

　また消費税の納税は原則として、預かった消費税から支払った消費税を差し引いた残額を税務署に納付するのですが、支払っている側も「消費税という名目で支払っているお金」にもかかわらず、これを支払った消費税として納付額の計算をしていました。これも是正したいと税務署は考えていたのだと思います。

　そこで、「消費税を納める義務がないのであれば、消費税を請求してはいけない。消費税を請求するのであれば、預かった消費税から支払った消費税を差し引いた残額を、ちゃんと税務署に納めてよ！」というインボイス制度が導入されたのです。

インボイス制度の不動産投資への影響は限定的

　インボイス制度は不動産投資家にとってどう影響してくるのでしょうか？　ここで抑えておきたいのが、不動産投資における消費税の最大の特徴といえば、非課税取引が多いということです。

◎土地を賃貸することにより受け取る地代収入
◎土地を売却することにより受け取る売却収入

土地は時の経過により消耗するものではないため、「消費」という概念がなく、土地を貸しても、売却しても、消費税は非課税となります。

◎住宅を賃貸することにより受け取る賃貸料収入

住居費用は生活するために必要不可欠な支出のため、社会政策的配

慮から消費税は非課税となります。ただし、住宅以外の事務所用、店舗用の賃貸料収入は消費税課税となります。

> ◎建物（住宅を含む）の売却により受け取る売却収入のうち、事業者が事業として行った場合の売却収入

課税となります。

　インボイス導入以前であれば、例えば、住居以外の事務所、店舗を賃貸している場合、賃貸料収入＋建物の売却収入等（これを課税売上高といいます）が1,000万円を超えた年（法人の場合は期）の翌々年（法人の場合は翌々期）は自動的に消費税を納める事業者となり、課税売上高が1,000万円以下であれば翌々年（法人の場合は翌々期）は消費税を納める必要のない免税事業者となっていました。

　インボイス導入後は、自らがインボイス登録事業者として税務署に登録すると前々年の課税売上高が、たとえ1,000万円以下でも消費税を納める納税義務者として消費税を納めなければいけなくなりました。

　基本的に賃貸物件が住居のみの場合は、賃貸料収入のすべてが非課税売上です。

　一方、自販機手数料は課税売上に該当、また駐車場料収入のほとんどは課税売上高、事務所・店舗として賃貸している場合の賃貸料収入は課税売上高にカウントされます。

　インボイス登録事業者でない場合、これらの課税売上高が年間1,000万円を超えるようであれば、消費税を納税する義務が生じ、課税売上高が年間1,000万円以下であるなら消費税の納税義務は免れます。

　所有物件のすべてが住居のみの場合は消費税そのものを収受する機会がないのでインボイス登録は必要ないといえるでしょう。

賃貸先が消費税課税業者だった場合は要注意

　問題は店舗用ないしは事務所用として賃貸している場合の賃貸先が消費税課税事業者だった場合です（インボイス登録事業者を含みます）。
　賃貸先は、店舗家賃（消費税が付加されていない家賃額）にも消費税が含まれたものとして、含まれる消費税額を支払ったものとして処理したいはずです。
　この場合の対応策としては、次の2つです。

①インボイスの登録事業者となって、請求する店舗家賃につき消費税を付加し、消費税の申告をする。
②インボイスの登録事業者とならず、請求する店舗家賃につき消費税は付加しない家賃を請求する

　①の場合、店舗家賃は月々の家賃額も安くはないので、付加される消費税も多くなります。インボイス登録事業者ならば店舗賃貸先から家賃額に付加される消費税は収入できますが、その他の消費税の納税義務も発生します。
　ただし簡易課税制度を選択すれば収受した消費税の内、40％は手許に残せます。所有物件がオフィスビル又は店舗の賃貸割合が高い等、課税売上高が1,000万円を超えるようならば、深堀りして簡易課税制度の選択を検討してみたほうがよいと思います。
　②については最悪の場合「消費税が控除できないなら出てく」という選択をする賃貸先もでてくるかもしれません。ただ、今現在、弊社のクライアントがインボイスの登録事業者でないからといって賃貸借契約を解除するという事態になったというケースはほとんど聞きません。

　所有物件が住居のみの場合でも、消費税を気にかけなければならない

場面は売却です。

　売却の際の建物の売却収入については課税売上高に該当するので、物件によっては1,000万円を超えることはザラにあります。

　その際、翌々年（法人の場合は翌々期）は消費税の納税義務者になりますので、翌々年（法人の場合は翌々期）に物件の売却があった場合は建物の売却収入に付加されている消費税を納税することになります。

　売却の際の消費税の取り扱いについては注意が必要です。

　以上、駆け足で消費税について説明しましたが、所有物件が住宅である場合、売却する際の建物に係る売却額のみに神経質になっていれば、消費税はあまり気にする必要のない税金だと考えます。

第6章 まとめ

▦ 不動産投資では、10の仕訳パターンを覚えよう

- 不動産投資の仕訳は、10パターンの仕訳を取引ごとにアレンジする
- 会計ソフトに加え、Excelシートを使い効率的に仕訳していく

▦ 不動産会社が用意する資料から取引を読み取る

- 不動産会社が用意する「取引明細書」で不足金額を確認する
- 近年は融資時に「ローン手数料」(支払手数料)を支払う必要がある
- 「不動産売買契約書」を見て、建物と土地の価格を確認する
- 「取引精算書」から建物・土地以外の取得価額を読み取る
- 建物・土地の価格は「固定資産税評価額証明書」からもわかる

▦ 賃貸中の仕訳はクラウド会計ソフトで効率化する

- 賃貸中は「普通預金通帳、立替領収書、減価償却」の仕訳が肝になる
- クラウド会計ソフトを使えば、かなりの手間を削って仕訳が完了する
- 不動産投資の経費計上範囲は、他の事業に比べ限られている
- 期末に一度だけ「減価償却費と保険料」の決算整理前仕訳を行う
- 減価償却費は「取得価額」と「耐用年数」の算定を理解すれば簡単

▦ 売却益を理解し、構造的に節税しよう

- 売却益は、売却価格から取得価額ではなく「簿価」を差し引いた金額
- 個人は毎年、減価償却しないと納税額が変わるため減価償却が必須
- 小手先の節税ではなく、財務を理解した構造的な節税をすべき

おわりに

「全部僕が説明しますから、挨拶とサインだけで大丈夫ですよ」

いまから約15年前、不動産投資で初めての融資相談に臨む際、金融機関を紹介してくれた営業マンに言われた一言です。

当時の中川青年（私のことです）は、その言葉にホッとした反面、半信半疑な気持ちもありましたが、かくして本当に何らの準備・作戦もなく、一介の会社員があっさりと数千万円の融資を受けられたことに、その時はずいぶん驚いたものです。

今にして思えば、おそらく金融機関と営業マンの間では大筋の事前合意があり、面談自体は購入者の属性・年収や購入意思を最終確認する程度だったのでしょう。「下手に話してボロを出すくらいなら、黙っていてくれ」が営業マンの本音だったのかもしれません。

しかし、当然ながら、こんな他人任せでは金融機関の評価が上がるはずもなく、いたずらに個人与信を棄損するばかり。会社員のリタイアを目指していたというのに、次第に相談可能な金融機関は減り、金利等の融資条件も悪化を辿るという、まさに前途遼遠の状況です。

不幸中の幸いは、私が不動産投資を始めた2009年当時、収益物件の価格相場が今よりだいぶ安価だったこともあり、現金購入の収益物件をいくつか保有していたことでした。

「このままではジリ貧になる」と、現金購入した無担保の収益物件を共担（共同担保）に入れてメガバンクで借り換えを行った際、初めて財務・融資の仕組みや金融機関の事情に向き合い、自分の認識の甘さ・勉強不足を猛省したのです。

振り返れば、ここでの"気付き"が、私の不動産投資の資産規模拡大における、大きなターニングポイントでした。これ以降、リタイアを目

指す過程でも、リタイアした後においても、有難いことに融資で大きく困ることはなくなり、必要なときに・必要なだけの融資を受けることができるようになったのです（札幌移住した直後こそ、すぐに東京へ戻ることを警戒されて「まずは札幌の水に馴染んでください」と融資を断られた時期もありましたが、いまではそれも笑い話です）。

　今回の執筆を決断したのは、私が借り換えの際に得た"気付き"を、本書を通じて皆さんにも、お伝えできればと思ったからです。財務や融資の世界は奥が深く（私も日々勉強中です）、知れば知るほど、実践すれば実践するほど、リターンを実感できる面白さがあります。

　本書を読み終えたいま、少なくとも皆さんはかつての私と同じ過ちは繰り返さないことでしょう。皆さんの不動産投資における"気付き"となり、資産規模拡大のお役に立てることを信じて、本書を締めたいと思います。

　最後に、ソシム株式会社の編集者の皆様、共著者の稲垣浩之様、そして本書の執筆にご協力くださった皆様には大変お世話になりました。深く感謝申し上げます。

中川　理

【著者紹介】

◎中川　理（なかがわ・おさむ）

1981年、神奈川県生まれ。
不動産投資実務家（合同会社代表）、1級ファイナンシャル・プランニング技能士、宅地建物取引士。
「大企業に入って、早く出世すれば幸せになれる」を疑うことなく大学を卒業し、社会人生活をスタート。しかし、連日の長時間残業の日々を過ごすうちに、理想と現実のギャップを痛感。自宅購入時に不動産を勉強したことをきっかけに、2009年より不動産投資を始める。
「石橋を壊れるまで叩く」と周囲に揶揄されるほど慎重な性格で、堅実な投資・再現性の高い投資を好む。人脈の横展開、習得した知識・シミュレーションのアウトプットにと始めた不動産投資初心者向けの個別相談は評判となり、日本経済新聞や各種経済誌・情報誌から多数の取材を受ける。相談者数は延べ100名超の実績。
勤続15年を区切りに、会社員をリタイア。現在は、家族で東京から札幌へ移住し、ほどよいスローライフを満喫する傍ら、不動産関連サイトのコラム執筆やセミナー登壇、ブログやYouTubeによる情報発信にも力を入れている。
著書に、『不動産投資の「収益計算」本格入門』（ソシム）、『不動産投資の「収益計算」シミュレーション実践編』（ソシム）がある。

ブログ　　　夫婦で目指す！不動産投資でセミリタイアへ!!
　　　　　　　https://ameblo.jp/tnks-21/
ホームページ　中川理の不動産投資塾!!
　　　　　　　http://tnksfp.web.fc2.com/
YouTube　　中川理の不動産投資塾!!
　　　　　　　https://www.youtube.com/channel/UCimMI_5Jo9Ln4fJ5GJplUhw

◎稲垣浩之（いながき・ひろゆき）

1964年、千葉県生まれ。税理士・コンサルタント。
1999年、税理士登録。2002年、稲垣浩之税理士事務所開業。
独立開業以前の大手会計事務所勤務時代は、クライアントである地主の不動産投資家の確定申告相続税対策を担当。「資産家が、より多くの資産を遺すためのコンサルティング」に従事していたが、独立開業後は、「普通のサラリーマンが資産家になるためのコンサルティング」に特化。不動産投資に係る税務申告を主な業務として、物件購入に伴う借入・法人化・キャッシュフローシミュレーション等のコンサルティングを展開。サラリーマン大家、専業大家も含め現在まで累計2,500人以上の不動産投資家の相談を受ける実績を持つ。
同時に数多くの不動産仲介、売買、管理会社の顧問税理士との立場から不動産投資家との利害関係も熟知しており、その中で数多くの不動産投資家の成功例、失敗例を目の当たりにし、現在は「失敗しないサラリーマン大家」の育成に心血を注いでいる。
著書に『不動産投資専門税理士が明かす金持ち大家さんの共通点』（双葉社）、『不動産投資専門税理士が明かす金持ち大家さんが買う物件買わない物件』（双葉社）、『不動産投資の「収益計算」本格入門』（ソシム）、『不動産投資の「収益計算」シミュレーション実践編』（ソシム）がある。

ホームページ　稲垣浩之税理士事務所
　　　　　　　http://www.keiriya.jp

資産規模を拡大するための
不動産投資の「財務・融資対策」本格入門

2024年10月7日　初版第1刷発行

著　者　中川　理・稲垣浩之
発行人　片柳秀夫
編集人　志水宣晴
発　行　ソシム株式会社
　　　　https://www.socym.co.jp/
　　　　〒101-0064 東京都千代田区神田猿楽町1-5-15　猿楽町SSビル
　　　　TEL：(03) 5217-2400（代表）
　　　　FAX：(03) 5217-2420
カバー・本文デザイン　　大場君人
DTP・図版作成　　　　　株式会社キャップス
印刷・製本　　　　　　　株式会社暁印刷

定価はカバーに表示してあります。
落丁・乱丁本は弊社編集部までお送りください。送料弊社負担にてお取替えいたします。
ISBN978-4-8026-1479-5
©Osamu Nakagawa, Hiroyuki Inagaki 2024, Printed in Japan